L'ENFANT ET SES COMPLEXES

L'Œdipe, la castration, l'infériorité, les différences, la rivalité...

PSYCHOLOGIE ET SCIENCES HUMAINES

Jean-Marie Besse et Marc Ferrero

l'enfant et ses complexes

l'oedipe, la castration, l'infériorité, les différences, la rivalité...

Préface de Jean Guillaumin

2ᵉ édition

PIERRE MARDAGA, EDITEUR
2, GALERIE DES PRINCES, 1000 BRUXELLES

© Pierre Mardaga, éditeur
37, rue de la Province, 4020 Liège
2, Galerie des Princes, 1000 Bruxelles
D. 1986-0024-10

Préface

La première qualité d'un livre, et plus encore d'un petit livre qui se veut utile, comme celui-ci, est d'être écrit pour un public qui, tout à la fois, l'*attende* et l'*entende*. Les deux choses ne peuvent être séparées. On attend toujours d'être compris et de comprendre. Et on n'entend jamais que ce que, d'une certaine façon, on attendait d'entendre. Si l'auteur, ou les auteurs, et les lecteurs peuvent donc faire ensemble un bout de chemin, c'est dans la mesure seulement où l'écriture des uns et l'oreille des autres se prêtent réciproquement un supplément de sens qui entame un coin d'ombre, fait reculer la méconnaissance ou le malentendu.

Cet ouvrage a, dans sa volontaire modestie, le mérite de toucher juste à cet égard dans un domaine particulièrement difficile : celui de *la pratique quotidienne de l'enfance par les parents et les éducateurs.*

Nous sommes au temps où, là aussi, tout s'encombre. Des décombres, d'abord, de nos savoirs anciens et convenus, clés efficaces jadis dans une société vieillissant lentement, dont les modèles à penser se répétaient assez dans leurs formes pour qu'un code de conduite ou un apprentissage puissent servir sans notable remise en cause à deux ou trois générations successives. Des surenchères, ensuite, des nouveaux prophètes, qui sur les citadelles quelque peu lézardées des pédagogies traditionnelles, élèvent leurs théologies éducatives *a priori*, selon les cas libertaires, invigorantes ou intellectuellement sophistiquées. Ce qui manque souvent dans ce paysage confus, c'est un moyen d'interroger l'enfance et de s'interroger soi-même en termes d'une écoute dépourvue de « recettes », mais amicale : qui ne s'effraie ni ne se rassure à bon compte, qui simplement s'intéresse à la vie et souhaite la voir advenir, devenir, et grandir. Les auteurs ont cherché et sont parvenus à répondre à ce besoin.

Ils n'ont pu éviter, bien sûr — et ils ne l'ont pas voulu non plus — d'user de mots naguère encore nouveaux et quelque peu techniques, mais aujourd'hui passés dans le domaine public. Il ne s'agit pas d'une entreprise de contre-culture réactionnaire qui refuserait le langage du XXe siècle, marqué par la révolution psychanalytique et quelques autres. Mais il existe une manière choisie par J.M. BESSE et M. FERRERO, *de solliciter le langage au service des faits, des vrais, de ceux qu'on ne peut jamais enfermer complètement dans les mots* : de privilégier en somme ce qui se joue derrière les mots sans renoncer aux mots, qui ne sont que des médiateurs, des « media », comme on dit maintenant. Seule voie ouverte en direction d'une authenticité échappant au stérile dilemne du pédantisme persécuteur ou de la naïveté désarmée.

J.M. BESSE et M. FERRERO se sont avant tout demandé comment faire passer de l'air, de l'intelligibilité tranquille, dans les « complexes », c'est-à-dire, somme toute, dans la complexité de l'expérience vécue de l'enfance. Ce qui frappe d'abord dans l'impuissance et l'inquiétude contemporaine de beaucoup de parents — et pourquoi ne pas l'avouer, de beaucoup de pédagogues et de psychologues, voire de psychothérapeutes — c'est le caractère en quelque sorte brut, inentamable, de certaines situations vécues. Le comportement, les propos, l'attitude d'un enfant peuvent atteindre ceux qui en ont la charge de front, sans parade, absurdement, les contraignant pour éviter l'angoisse, à inventer d'urgence une contre-attitude qui produit ce qu'elle peut, et qu'on tâche ensuite soi-même comme on peut de justifier ou de faire approuver ou désapprouver par ceux qui sont censés savoir. Il vaudrait mieux alors pouvoir attendre sans se boucher les yeux, supporter «ce que ça nous fait», en sachant qu'il y a quelque chose à comprendre, que l'absurde n'existe pas, et qu'on est soi-même pris dans l'affaire à des fins définies, prévues en quelque sorte par la nature, et en partie gouvernables, si on veut bien s'y soumettre assez. Ne pas s'indigner, se surprendre et même aimer être surpris, pour découvrir à la fin qu'il y a sagesse à négocier les surprises, sans s'en sentir coupable ou inférieur en tenant compte du point de vue de l'enfant.

Si l'on y parvient, ne serait-ce qu'un moment, le bénéfice est vite sensible, pour l'enfant comme pour les parents, de cette distance minimale sans laquelle rien ne peut advenir et où peut enfin passer un peu d'humour et d'amour. Les auteurs ont fait le pari d'en montrer la voie aux parents et éducateurs pour les aider à une réappropriation sympathique du contact avec leurs enfants en démythifiant les mots par les choses.

Ils complètent leur utile travail par une discussion claire (destinée aussi à remettre les excès de langage — et d'angoisse — à leur place) de quelques-unes des positions de spécialistes et des notions à succès de notre époque, trop souvent rébarbatives et clôturantes.

Juste simplicité, recherche sans polémique vaine d'une plus tranquille assurance devant le destin de parent, d'éducateur et celui d'enfant, c'est au total ce que je discerne ici. Et je remercie J.M. BESSE et M. FERRERO de m'en avoir fourni l'occasion, en souvenir du temps passé de leur première formation universitaire et de notre actuelle commensalité dans le travail pédagogique et psychologique.

LYON, le 20 janvier 1983

Jean GUILLAUMIN
Professeur à l'Université LYON II
Psychanalyste

Avant-propos
Un livre sur les complexes, pourquoi?

- Pascal, 3 ans, accuse son petit frère David, né depuis quelques jours, d'avoir arraché les fleurs en pot du salon.
- Jean-Charles, 5 ans, vient déclarer à sa mère qu'il veut l'épouser...[1]

Quels sont les parents qui, au détour de tels paroles et actes singuliers dont on a d'ailleurs souvent loué la saveur, n'ont pas senti s'éveiller en eux le sentiment que leur enfant traversait une période dont le sens profond leur échappait plus ou moins? Semblable à la partie visible mais minime de l'iceberg dans l'océan, ces actions et ces mots d'enfants ne traduiraient-ils pas une intense activité psychologique cachée dont les adultes seraient les spectateurs et les témoins sans qu'il leur soit possible de la comprendre et d'agir? C'est notre intention que de tenter de répondre à cette interrogation.

Disons, auparavant, que nombre de gens bien intentionnés n'ont pas leurs pareils pour déceler le caractère

---

[1] Nous tenons à signaler que tous les exemples rapportés dans le livre sont authentiques et issus de notre pratique psychologique professionnelle quotidienne. Seuls les prénoms ont été modifiés.

étonnant de certaines attitudes, leur donner une ampleur insoupçonnée et assurer savamment que ces comportements, certes originaux mais au demeurant anodins, se sont mués en « COMPLEXES ». Le mot a fait fortune... non sans recueillir au passage des sens et des définitions erronées. Ainsi, mal connu et recouvert d'acceptions inexactes — un dictionnaire spécialisé signale une centaine de formes variées de « complexes » —, le complexe a parcouru son bonhomme de chemin depuis que la psychanalyse l'a proposé à la fin du dix-neuvième siècle. Tombé dans le langage commun, son évocation provoque souvent soit l'acceptation fataliste d'un mal pour lequel on ne peut rien, soit le rejet violent au nom d'un anti-psychologisme simpliste... rares étant ceux qui adoptent à son égard une attitude mesurée.

Cependant, et qu'il s'agisse de l'invoquer ou de le récuser, ce fameux « complexe » est présent à l'esprit d'une large fraction du public. Peut-il d'ailleurs en être autrement à un moment où nous sommes submergés par un flux d'informations puisées tant dans la presse écrite que parlée ? Certes, toute initiative visant à vulgariser cette notion paraît louable. Toutefois ce souci de popularisation ne facilite pas toujours une compréhension précise et juste du complexe. Si chacun d'entre nous a entendu dire que ce garçonnet est « complexé » par sa chevelure rousse, que cette jeune fille l'est par son acné, que le petit enfant de notre voisine « n'a pas réussi à dépasser son complexe d'Œdipe » ou que la mode actuelle « donne des complexes » à une amie un peu forte, toutes ces expressions renvoient-elles aux mêmes mécanismes psychologiques ?

Ces exemples suscitent et représentent des images et des conduites psychologiques plus ou moins nettes aux personnes qui les citent et à leurs interlocuteurs. Malheureusement, ils recouvrent une réalité qui n'a que peu de rapports avec le sens exact du mot « complexe ». Ces cas illustrent uniquement le constat d'une attitude et amènent à croire que le « complexe », quand il est présent, est, d'une part, conscient chez le sujet et, d'autre part, qu'il suffit d'en connaître l'existence pour le faire disparaître. Ce n'est pas si simple...

Qu'il soit utilisé pour décrire une réalité connue ou un mécanisme dont on admet volontiers qu'il est peu facilement intelligible, le « complexe » véhicule parmi les parents et les éducateurs une certaine angoisse qui inspire les attitudes qu'ils adopteront face à leurs enfants. Cette angoisse du « complexe » est-elle inéluctable dans la mesure où il s'agit plus simplement, dans la majeure partie des cas où le terme est employé, de faire savoir l'intensité de la vie relationnelle familiale ou sociale des enfants ? Une vie familiale dont nous ne connaissons pas toujours tous les éléments : il est, quelquefois, des liens et des désirs inconscients... Nous proposons de tenter une telle approche afin de mettre à jour ces situations qui échappent à la conscience.

Sans doute, certaines informations contenues dans ce petit livre auront-elles un caractère parfois émouvant tant elles touchent de près à la vie familiale et à ses composantes intimes. Néanmoins, le rôle des adultes est-il de s'en tenir exclusivement à une éducation « au jour le jour » en ignorant des processus, fatalement inquiétants lorsqu'ils émergent brutalement, mais qui signent ainsi une activité souterraine méconnue de leur part ? Ou bien se doivent-ils d'être prévenus et de connaître par avance les diverses étapes que l'enfant est appelé à vivre afin de pouvoir infléchir et moduler leurs propres actes éducatifs ? Une éducation sans remise en cause devient difficilement concevable dans l'instant où la connaissance psychologique témoigne de progrès significatifs.

A l'opposé, il est hors de question de verser dans un « psychologisme » outrancier tout aussi dommageable. C'est pourquoi il ne sera fait état ici que de situations, de mécanismes ou de termes qui paraissent avoir acquis un cachet suffisamment authentique. Nous délaisserons des théories dont l'élaboration est trop sujette à caution ou dont la pertinence n'est admise que par des doctrines particulières. De multiples recherches, parfois contradictoires, ont eu lieu ou sont en cours. Ne pas les développer dans le cadre de ce livre, nécessairement et volontairement court, ce n'est pas les renier, mais traduit un choix. Et, en fait, il est des mots qui ont le privilège de susciter des polémiques : celui de « complexe » est l'un d'entre eux ; aussi tenons-nous à redire que notre propos, dans ce livre, ne prétend pas à tout évoquer de cette question.

Plus directement, le reproche de concourir à renforcer la crise que traverse le métier d'éducateur ou de parent peut nous être adressé dans la mesure où nous apporterions des renseignements d'ordre psychologique qui entretiendraient un climat d'insécurité. Néanmoins, nous concevons ce « métier » comme une recherche perpétuelle du mieux-être éducatif par une plus grande « connaissance » des enfants. Est-il meilleure façon d'y parvenir que de tenter de mieux comprendre l'enfance ?

Ainsi, sans prétendre fournir une étude complète sur les « complexes » et les modes de réactions des adultes, nous essaierons de restituer à ces « complexes » leur sens authentique en expliquant leur origine, les sources qui les alimentent, les manifestations spectaculaires auxquelles ceux qui vivent au contact d'enfants peuvent être confrontés, car il s'agit d'événements auxquels, nous semble-t-il, nul être humain n'échappe.

En conséquence, et dans la mesure du possible, ce livre se donne pour tâches, à l'aide d'exemples vécus :

- de dissiper malentendus et inexactitudes,
- d'aborder les « complexes » traditionnels les plus fréquents,
- de montrer l'impact psychologique de certaines caractéristiques infantiles inhabituelles,
- de décrire quelques événements familiaux perçus comme perturbateurs par l'enfant et/ou par son entourage,
- de proposer enfin aux éducateurs certaines informations, accompagnées de réflexions, sans pour autant donner des « conseils-valables-pour-toutes-situations », qui iraient à l'encontre d'une éducation réfléchie.

Ouvrir un livre, c'est prendre du recul et c'est déjà en soi une attitude significative d'un intérêt pour cette question. Puissent ces pages permettre aux adultes qui les parcourent de redécouvrir la « vraie nature » de l'enfant et de laisser parler en eux des comportements éducatifs qui ne seraient ni obligatoirement décalqués sur ceux de leurs propres parents, ni fatalement opposés à ceux qui les firent ce qu'ils sont.

Introduction
Complexe et complexes

La vie psychologique de l'enfant n'est pas immédiatement perceptible ni évidente aux yeux de l'adulte que nous sommes: l'exemple des «complexes» est là pour révéler de quelle richesse se constitue en réalité l'existence affective et représentative de nos enfants. Mais il faut sans doute débuter par quelques indispensables précisions de vocabulaire pour que nous parlions bien, vous et nous, des mêmes choses.

Le *Vocabulaire de la Psychanalyse* de J. LAPLANCHE et J.B. PONTALIS*[1] propose de définir ainsi le complexe: « Ensemble organisé de représentations et de souvenirs à forte valeur affective, partiellement ou totalement inconscients. Un complexe se constitue à partir des relations inter-personnelles de l'histoire infantile; il peut structurer tous les niveaux psychologiques: émotions, attitudes, conduites adaptées » (p. 72).

---

[1] Les termes ou noms d'auteur signalés par un astérisque font l'objet d'une étude plus détaillée dans le dossier « Repères » qui figure à la fin de l'ouvrage, p. 175.

Essayons de saisir la signification de ces propos, en développant certains aspects seulement qui peuvent aider à avancer dans la compréhension de ces questions. Nous retiendrons tout d'abord que la définition est empruntée au discours de la psychanalyse, inaugurée par S. FREUD*, médecin viennois (1856-1939), qui a étudié les ressorts, cachés dans l'inconscient, des difficultés psychologiques et contribué à fonder la psychanalyse en élargissant les préoccupations de la psychologie. Avant celui-ci, en effet, les relations familiales étaient décrites, avant tout, en termes biologiques, sociologiques et moraux. La psychologie de l'enfant elle-même n'en était qu'à ses débuts et dressait des tableaux minutieux des comportements de l'enfant aux divers âges de son existence : à quel moment accomplit-il tel acte, reconnaît-il tel objet, accède-t-il à telle phase de développement moteur, ou de langage, etc. ? FREUD va mettre l'accent sur l'affectivité de l'enfant, en indiquant qu'il vit — tout comme l'adulte — des émotions, des passions et des sentiments.

Cette vie affective se module chez chacun d'entre nous selon des structures originales : nous n'en avons pas nous-mêmes une connaissance immédiate, mais, lorsque des situations nouvelles, imprévues, surgiront, nous y répondrons selon le modèle qui nous aura été fourni par les premières réactions que nous avons eues, lors des relations initiales — dans notre enfance — qui ont formé notre personnalité. Nos différentes formes de réponse seraient ainsi dictées, d'une certaine manière, par des expériences antérieures qui ont agencé, inscrit dans notre mémoire profonde, ces éléments constitutifs de nous-mêmes. Et c'est à l'enfance qu'il faut remonter pour situer ces relations premières. En d'autres termes, nos façons de résoudre nos premières tensions internes détermineraient nos conduites conscientes actuelles, qu'elles soient « normales » ou « anormales ».

Cependant, le mot de « complexe » ne doit pas abuser le lecteur. Il ne permet pas de rendre compte des obstacles que l'on rencontre à définir comment se manifestent les difficultés, ni, à plus forte raison, de résoudre ce qui fait problème. Autrement dit, il ne suffit pas de parler de « complexe » pour prétendre expliquer quoi que ce soit.

Si l'on s'attarde quelque peu sur la citation présentée plus haut, et en demeurant donc uniquement sur ce que propose la Psychanalyse, plusieurs points sont à retenir ou à considérer :

1. Cette définition ne présente pas le « complexe » comme quelque chose d'anormal de « pathologique », contrairement à ce que l'acception la plus répandue dans le domaine public pourrait laisser croire. Ainsi, dire d'un enfant qu'il en est, par exemple, à la phase du « complexe d'Œdipe », ce n'est pas porter un jugement inquiétant sur sa personnalité, mais constater un stade d'évolution.

2. Mettre un nom sur un « complexe » n'est jamais, en soi, éclaircir une conduite. Et en constater la présence n'est pas le rendre totalement intelligible pour autant. C'est cependant reconnaître, accepter comme une réalité, l'existence de mouvements affectifs demeurés longuement dans l'inconscient et qui, comme tels, ont pu demeurer cachés à nos propres yeux.

3. Nombre de situations peuvent être « expliquées » par la notion de « complexe » et il se trouve beaucoup de psychologues à vouloir dresser une liste plus ou moins complète de ces « causes ». Cet inventaire a rapidement dépassé la cinquantaine et chaque jour voit naître de nouveaux « complexes » que l'on est bien en peine de cerner avec précision. A trop vouloir prouver, on ne prouve plus rien... FREUD avait d'ailleurs bien vu le danger, lui qui fut le premier à refuser d'employer inconsidérément le terme et à le réserver à des structures bien précises : l'Œdipe essentiellement et le « complexe de cas-

tration». Dans ce livre, nous adopterons la même prudence et n'emploierons le terme de complexe — sans guillemets — que pour l'Œdipe et la castration. L'utilisation de guillemets renverra à des «complexes» à l'origine moins éclaircie.

4. Tout être humain est confronté aux situations qui alimentent ces complexes. L'attitude adaptée ne consiste pas à s'en dégager en tentant de les éliminer ou de les nier, mais bien plutôt à s'en accommoder afin de «vivre avec» ou de les dépasser. Le complexe, une fois intégré, possède une fonction structurante de la personnalité humaine si, toutefois, il n'envahit pas l'univers entier de l'individu.

5. Le complexe prend sa source chez l'enfant au travers des multiples occasions relationnelles du milieu familial. Dès la naissance, le psychisme enfantin se forme et se transforme selon les expériences vécues dans la famille. Sa vie est faite d'étapes successives et chaque franchissement d'un stade nécessite de sa part la renonciation aux plaisirs procurés et connus du palier antérieur pour plonger dans l'inconnu hostile du stade suivant. Alors varient les intérêts, les pensées et les orientations affectives de l'enfant pour se confondre, s'agréger et émerger sous la forme de complexes.

L'influence adulte, parentale tout particulièrement, dans le devenir psychologique de l'enfant est connue : il ne s'agit pas de s'en effrayer, de s'en culpabiliser à l'avance, mais de chercher à la mieux comprendre afin de répondre, de la manière la plus adaptée possible, aux problèmes qui surgissent avec un enfant. Une présentation des différentes phases du développement enfantin nous permettra de reprendre divers points de vue afin de situer comment s'envisagent et s'organisent dans le temps les complexes principaux.

Nous ne développerons pas plus avant les idées de FREUD ici, car nous y ferons largement référence au long de cette évocation. En effet, le mérite lui revient d'avoir compris nombre des richesses et des inquiétudes que recèle la personnalité enfantine et, plus largement, humaine. Cela n'alla certes pas, de la part de ses contemporains, comme aussi des nôtres, sans rencontrer maintes difficultés : novateur et explorateur du psychisme, il ouvrait les portes d'un monde interdit et s'aventurait sur des sentiers mouvants là où l'on s'était fait depuis longtemps à l'idée de routes solides, visibles, familières, nettement balisées. FREUD les présentait aléatoires, dramatiques, inquiétantes et inconnues. Enfin, il faisait appel à la sexualité à propos de l'enfance...!

Si nous insistons sur la novation apportée par les perspectives freudiennes, c'est bien pour indiquer à partir de quelles approches nous pensons pouvoir saisir le mouvement de formation de l'enfant comme aussi les accrochages, les déviations, les accidents de parcours qui marquent cette évolution. Des divers complexes qui peuvent ainsi ponctuer le développement enfantin nous entreprendrons tout d'abord, et assez longuement, l'étude du complexe d'Œdipe, le « complexe des complexes » d'après FREUD, complexe fondateur à partir duquel nous chercherons à décrire diverses attitudes. Ce sera l'objet de la première partie : *aux origines du complexe*.

Dans la deuxième partie — *aux prises avec le complexe* —, nous reprendrons une analyse plus systématique des différentes manières propres à l'enfant de s'engager dans les « complexes » : nous présenterons plusieurs des blocages multiples auxquels on fait alors référence et que l'on évoque plus habituellement, en nous efforçant d'indiquer des cadres facilitant leur compréhension : ces cadres pourraient être repris à propos d'autres difficultés du même type.

Il sera temps alors — et la troisième partie — *qu'en faire* ? — en traitera, d'envisager comment les « complexes » sont « traités » le cas échéant, dans plusieurs des milieux de vie de l'enfant : la famille bien évidemment, mais aussi l'école, où l'enfant vit une grande part de son temps et qui peut exercer un rôle tant dans la prévention et la résolution des difficultés que, hélas, dans leur émergence et leur amplification éventuelle. Quelle action est ici recherchée du côté des divers « spécialistes », psychologue ou psycho-thérapeute, en particulier, c'est ce que nous évoquerons au long de ce parcours auquel nous vous invitons à présent.

PREMIERE PARTIE
AUX ORIGINES DU COMPLEXE

A sa naissance, l'enfant reçoit deux héritages : le premier est génétique, à partir des gènes disposés sur ses chromosomes ; c'est ainsi que l'on naît grand ou petit, brun ou blond, avec des yeux marrons ou bleus. Sur ces caractères héréditaires, que l'on tient de ses parents, des grands-parents et des générations antérieures, les moyens d'action sont à l'heure présente pratiquement inexistants. Le second héritage est d'ordre culturel, c'est-à-dire qu'il résulte de l'insertion de l'enfant dans un univers social possédant déjà un mode de vie particulier, des habitudes éducatives, des valeurs morales et sociales, une histoire, un langage et des expériences affectives. Ce monde n'est pas immédiatement accessible, dans l'ensemble de ses significations, au jeune enfant.

Pour lui se posent tout d'abord des questions de survie biologique : il lui faut acquérir au plus vite les moyens et techniques d'adaptation au milieu et de conservation de l'existence par la satisfaction des besoins, alimentaires notamment. La cellule familiale est l'élément vital, régulateur et correcteur, faisant ainsi office de médiateur entre l'enfant et la société. Dans le même temps qu'elle assure la survie du nouveau-né sur la base de principes physiologiques qui sont autant de besoins (nourriture, protection contre le froid...), elle développe et facilite l'apprentissage de techniques sociales visant à son intégration dans la société. Ainsi voit-on le rôle décisif que joue la famille dans le développement d'un enfant. Nous désignons par ce terme de « famille » une communauté éducative où figurent une image paternelle et une image maternelle.

La dépendance de l'enfant est alors complète; il est bien l'un des rares êtres au monde à avoir ainsi besoin de ses parents durant une aussi longue période. La famille est omniprésente et omnipotente lors de ces premières années: aussi les parents comprendront-ils aisément qu'ils sont la première source d'influence, qu'ils l'exercent avant toute autre personne ou tout autre système et qu'ils sont pour leur enfant un modèle de référence capital, car il ne connaît guère qu'eux et se forme — c'est vraiment le mot, car il prend ainsi sa « forme » — selon leurs propres réactions.

Par la suite, son comportement sera plus ou moins consciemment dicté par ces expériences vécues au sein de la communauté familiale. L'ensemble de ses réactions personnelles, de ses attitudes, de son émotivité, en un mot de sa personnalité, sera constitué selon les données familiales. La famille est donc bien le cadre du développement du petit enfant. Sa personnalité élaborée, construite et forgée au creuset familial est à la base de sa vie sociale future.

La marque première est décisive quand bien même se feront jour des influences ultérieures, extérieures à la famille, qui, si elles permettent quelquefois des réajustements partiels des conduites, ne modifient jamais fondamentalement les structures établies lors des premières années de la vie.

C'est pourquoi nous aurons à examiner de plus près comment s'installent ces relations initiales entre l'enfant et ses parents, si nous voulons saisir la dynamique de la vie affective et situer sur quelle trame se constituent les complexes; de cette compréhension seulement pourra naître ensuite la possibilité d'observer en quelle mesure des réaménagements sont encore possibles.

La famille traditionnelle, telle qu'elle nous est décrite par les sociologues et les historiens de notre société, se présente fréquemment sous la forme d'une communauté organisée sous l'autorité du père. L'enfant, dans un tel cadre, devait le respect et l'obéissance à ses parents qui, de leur côté, lui assuraient, outre les conditions de subsistance et de développement, amour et bienveillance. Le père subvenait aux besoins économiques de tous, la mère organisait le foyer, prodiguait son affection à tous et veillait aux tâches ménagères et éducatives.

Ainsi la famille fonctionnait-elle, sans trop d'accrocs majeurs. On sait bien aujourd'hui que les conditions économiques contemporaines comme aussi la redéfinition des rôles masculin et féminin ne permettent plus guère de se représenter uniquement ainsi la structure familiale actuelle. Mais il n'est pas que ce contexte social qui ait varié : l'image même que l'on se forme à présent de l'enfant a beaucoup évolué au cours de ce siècle et sans doute devons-nous en grande partie ce regard nouveau à FREUD.

Celui-ci eut en effet le mérite immense de révéler un nouveau visage de l'enfant. On savait certes avant lui que l'enfance est un moment bien particulier, avec ses caractéristiques psychologiques propres et ses manières de penser et de vivre spécifiques et non pas un simple apprentissage nécessaire mais qu'il convenait d'abréger au maximum. FREUD souligna le dynamisme de l'enfance, placée qu'elle est sous l'influence des conflits entre les formes de «l'instinct» — nous préférons dire: les pulsions — et les contraintes de la vie familiale et sociale. Egalement, il remit en question l'idée de «l'enfant-innocent», non pas pour la remplacer par une vision pessimiste d'un «enfant-monstre», mais bien plutôt par celle d'un être humain en proie aux difficultés que tous rencontrent et auxquelles l'enfant réagit avec sa personnalité propre et en fonction de celle des personnes qui l'entourent. Ses parents, nous l'avons déjà souligné, exercent ici une action déterminante. Voyons à présent ce qu'il en est des grandes lignes de cette formation de l'être humain.

Chapitre 1
Aux débuts : l'enfant et les siens

1. Retour aux sources

Ce chapitre a pour but de rappeler brièvement les étapes principales du développement de l'enfant, afin de permettre la compréhension des diverses situations affectives qui seront abordées dans la suite de l'ouvrage. Notre perspective est ainsi de montrer que si «tout» n'est pas joué avant six ans, il reste néanmoins bien difficile de saisir les événements de la vie infantile sans le nécessaire retour en arrière que constitue la saisie de la dynamique de l'édification d'une personnalité humaine.

L'axe choisi est celui du développement affectif, autour duquel se rattachent bien sûr d'autres secteurs psychiques tels la socialisation, le langage ou encore l'univers intellectuel. Certes, ces séparations peuvent paraître artificielles; l'organisme humain ne se développe pas à un rythme identique dans ses différentes parties et chez tous les individus et l'évolution de ces domaines est variable en particulier selon le milieu éducatif, culturel ou social. Essayons, cependant, d'en préciser les grandes articulations sans pour autant prétendre embrasser d'un seul coup d'œil le monde de l'enfance.

Pour dire les choses autrement, le complexe d'Œdipe et ses aventures, un des thèmes de départ de ce livre, ne peut se révéler que par l'existence des étapes antérieures de la sexualité infantile. Ces deux derniers mots, accolés, ont provoqué, en leur temps, un tollé général difficilement imaginable de nos jours. Pourtant, ils rendent compte d'un phénomène que chacun d'entre nous, chaque adulte observe quotidiennement chez les enfants en âge d'y être confrontés. Pourquoi cela ?

2. Sexualité et scandale

La reconnaissance de la sexualité infantile a rencontré des oppositions virulentes au nom d'une certaine morale car elle rendait caduque l'idée de l'innocence originelle tant proclamée de l'enfant. Par ailleurs, le malentendu repose sur le mot « sexualité », lorsque cette dernière est prise en référence à celle de l'adulte et lui est identifiée. Outre le terme qui renvoie à notre propre vision de celle-ci — mais est-elle toujours bien claire ? —, la sexualité de l'enfant diffère de celle de l'adulte, même si elle la prépare. En effet, peut-on assimiler et confondre l'une et l'autre quand on sait que chez l'enfant les parties du corps qui lui procurent du plaisir — appelées zones érogènes par FREUD — ne sont pas forcément les organes génitaux ? que les buts sont différents en ce sens qu'ils ne conduisent pas à l'établissement de relations sexuelles proprement dites ? et qu'enfin les manifestations de la sexualité ne sont pas alors dirigées sur des personnes mais trouvent leur satisfaction sur le corps propre de l'enfant ? Nous reviendrons dans les pages qui suivent sur le « destin » de ces zones corporelles et du « plaisir » que l'enfant prend à les faire fonctionner.

Si nous avons insisté sur ces préalables concernant la sexualité infantile, c'est bien pour en marquer l'originalité et montrer les incompréhensions auxquelles elle a donné lieu. Qu'en est-il de son évolution ? Comment se forment et se transforment le psychisme et l'affectivité d'un être ? Quels sont les moments majeurs et les étapes de son développement ?

3. Naître avant la naissance

Un psychologue volontiers provocateur disait que l'éducation d'un enfant était terminée avec le mariage des parents. C'est aller un peu vite en besogne quoiqu'une telle outrance recèle quelque vérité : le lien historique et psychologique de l'enfant à naître avec ceux qui l'ont conçu. Nous voulons dire que les conditions de la grossesse influent sur les attitudes des parents : l'enfant a-t-il été désiré? a-t-il été accepté? Que représente-t-il pour la mère? pour le père? Comment les parents vivent-ils d'éventuelles difficultés financières, affectives, de santé ? ...

Selon les réponses apportées, on conçoit que l'atmosphère psychologique qui environne la naissance contribue plus ou moins à la marquer d'une empreinte particulière. Les parents ont un projet sur l'enfant à venir; ils se figurent ce qu'il sera : il aura leurs traits ou bien il sera autre : ils envisagent pour lui un avenir dans lequel ils s'imaginent. C'est dire qu'ils ont des désirs sur cet enfant à naître qui sont autant de représentations d'eux-mêmes et qui l'imprimeront, en induisant d'une manière ou d'une autre des relations spécifiques entre lui et eux. Il lui reste alors à naître...

4. Naissance et traumatisme

De nombreuses études insistent sur la douleur éprouvée par l'enfant à la naissance : elle constituerait un véritable traumatisme pour un enfant. C'est, en effet, le passage d'une vie en milieu liquide à une vie dans un milieu aérien — où l'enfant doit respirer —; il affronte un monde moins protecteur dans lequel ses besoins ne sont pas immédiatement satisfaits. Il peut donc se faire qu'il éprouve comme une réaction d'angoisse après une certaine quiétude qui aura duré neuf mois. Aujourd'hui, F. LEBOYER*, B. THIS, M. ODENT et quelques autres proposent des soins pendant l'accouchement au cours desquels le nouveau-né n'est plus considéré comme aveugle, sourd, à la peau insensible, aux poumons indifférents et au vertige inconnu. Ces praticiens de la « naissance sans violence » associent, en outre, le père à l'accouchement. Ils constatent, objectivement, l'abaissement de la mortalité péri-natale et, subjectivement, que les enfants nés dans les formes préconisées, connaîtraient un développement psychologique plus harmonieux.

5. La vie : 1re année

Téter : une faim en soi

Sensible à la lumière et à la voix humaine, le nourrisson entretient d'emblée des contacts corporels avec sa mère : il est porté, caressé, soigné. Au fil des jours et des semaines, les possibilités de rencontre physique se multiplient et se diversifient à travers le bain, la toilette, les pesées, les moments de disponibilité maternelle et, surtout, l'alimentation. L'enfant ne paraît pouvoir s'endormir que le ventre plein, « rempli ». Le besoin biologique de nourriture rythme ses journées. Aigu, il le réveille ; satisfait, il l'endort. Ainsi, sein ou biberon procurent satisfactions et craintes. Plénitude lorsque l'état d'excitation ou de malaise disparaît dans l'assouvissement de la faim. Détresse quand la sensation de faim le tenaille. Des psychologues ont même comparé l'état de manque du bébé à celui du toxicomane !

On imagine aisément que les temps d'attente de nourriture sont pour le bébé une source d'émoi : les gestes de sa mère acquièrent alors une importance primordiale en fonction des perceptions qu'en a l'enfant. Nous savons que le bébé ignore le vide car sa bouche a été habituée à être pleine : à la naissance, il excrète le contenu de son intestin, le méconium. C'est donc bien que le tube digestif fonctionnait au cours de la vie fœtale. Ainsi, le temps des tétées paraît être la période où se rétablit cette relation, antérieure à la naissance, entre le monde extérieur et le monde intérieur de l'enfant. Et, pendant qu'il tète, il se charge de tout l'environnement maternel : odeur, chaleur, ton de voix, ... Il prend par conséquent — il « intériorise » tout ce qui lui vient de sa mère. C'est dire qu'il emmagasine beaucoup plus que la simple nourriture. La démonstration en est fournie lors d'une hospitalisation : la séparation durable d'avec la mère retentit gravement sur le psychisme de l'enfant si les substituts maternels — nurses, infirmières, puéricultrices — ne sont pas suffisamment riches en contacts humains. Cette situation, d'ailleurs non spécifique d'un séjour dans un hôpital, est connue sous le nom d'« hospitalisme* ».

A travers la relation alimentaire, le nourrisson va s'apercevoir que la tétée lui procure également un plaisir particulier. Un plaisir autre que celui qui est purement lié à la nourriture et qu'il va dès lors tenter de renouveler hors des moments d'alimentation lactée. C'est pourquoi, par exemple, il sera surpris en train de sucer son pouce, ses lèvres ou encore un coin de couverture. Plaisir de sucer, mais aussi désir de retrouver le sein ou le biberon perdu.

Un seul être vous manque...

Au cours du deuxième mois, toute personne qui s'approche commence à être reconnue et distinguée progressivement dans l'environnement. Le visage de la mère — ou de la personne qui s'occupe de l'enfant — s'offrant le plus souvent, c'est lui qui va être privilégié et auquel il va sourire. On situe approximativement l'apparition de ce sourire volontaire vers la fin du troisième mois. Puis, le nourrisson, par la multiplicité des contacts et des relations avec son éducatrice, va être en mesure de l'identifier puis de la reconnaître en tant que personnage préféré.

Paradoxalement, cela l'amène à découvrir qu'il peut la perdre et s'installe alors un jeu subtil: la mère devient le centre d'intérêt préférentiel pour l'enfant qui le conduit à rejeter tout visage inconnu avec un sentiment de déplaisir profond. Située vers le huitième mois, cette période de souffrance et d'inquiétude concourt à son développement affectif: si, auparavant, il confondait en une même unité le sein ou le biberon, la mère, et lui-même — d'où un sentiment de toute-puissance — il vit et éprouve maintenant la différence entre lui et le monde extérieur. Les parents connaissent bien cette période où l'enfant est quasiment terrorisé par l'approche d'un visage inconnu et ces pleurs incoercibles qui précèdent l'arrivée chez une éventuelle nourrice.

Un miroir qui réfléchit

Enfin, dans le même temps, l'enfant se découvre et découvre son visage dans le miroir. C'est un moment d'une grande richesse émotionnelle. Ne sachant trop que penser devant cette image inconnue, il constate qu'elle est la sienne, que le miroir reflète tous ses mouvements et toutes ses mimiques. Il se voit entier. Certains pensent que c'est à ce moment que se crée le « moi », c'est-à-dire la représentation et la conscience que chacun peut avoir de soi-même et qui va déterminer tous ses gestes au long de la vie. C'est une découverte qui lui procure une grande joie, semblable, dans son intensité, à celle que suscite la reconnaissance du visage de la mère[6].

Un psychanalyste, Jacques LACAN reprenant les travaux d'Henri WALLON, parle à ce propos « d'assomption jubilatoire » et confère à ce moment un caractère décisif dans le développement de l'enfant. Après eux, René ZAZZO poursuit des recherches complémentaires qui marquent l'importance de cette étape. Car, se reconnaissant ainsi, l'enfant se reconnaît différent de l'autre et l'autre différent de lui. Il en conçoit un vif plaisir. Pourtant, il lui faudra encore ne pas être prisonnier de cette image de soi comme Narcisse, ce héros grec amoureux de sa propre image qui périt noyé en s'admirant dans les eaux d'une fontaine. Et ce sont les parents, en lui parlant devant cette image, qui le délivreront de ce danger afin que ce miroir, initialement formateur, ne devienne pas un miroir aux alouettes.

Amour de l'autre, amour de soi

Pour cette époque que nous venons de décrire succinctement, de la naissance à un an, les psychanalystes ont proposé le nom de « stade oral ». L'expression est prise dans son sens le plus large : elle marque le plaisir sexuel du nourrisson lié à l'excitation de la bouche, des lèvres et même du tube digestif lors de l'alimentation. Certains auteurs y adjoignent également les organes des sens (gustation, olfaction, vision, audition et toucher). Pendant ce laps de temps, les relations mère-enfant ont évolué : il a appris à distinguer son entourage et, en particulier, la présence de la mère. Sujet d'affection quand elle est présente, elle est tout aussi facilement « accusée » de tous les maux pendant ses absences. L'amour et la haine sont indissolublement liés.

Que l'enfant est dépendant de sa mère et de l'ambiance que celle-ci aura su ou non créer auprès de lui ! Selon qu'elle sera plus ou moins aimante, l'enfant se vivra comme plus ou moins aimé. L'intensité de l'amour parental qualifiera l'amour de soi-même — le « narcissisme » de l'enfant. C'est le fondement de la confiance en soi et la matrice de ce que sera le futur adulte dans l'élan et le sens qu'il sera en mesure de donner à sa vie.

Une année s'est écoulée et des progrès décisifs ont été accomplis sur tous les plans du développement : la position debout est acquise avec appui, la marche se profile, la mobilité devient adaptée, les prises se font avec une certaine dextérité, la vocalisation préfigure le langage, le sommeil occupe un temps moindre, les plaisirs et les peines sont, en partie, différenciés : jeux, amours parentaux, présence, découvertes sont occasions de joie ou de tristesse. Les acquisitions sont donc nombreuses et diversifiées.

Le nourrisson n'est pas cet être végétatif pour lequel il suffirait de satisfaire les besoins de chaleur, de faim ou d'inconfort. Ce n'est donc pas un petit objet, il lui faut aussi une parole de son entourage où les phrases et les intonations de voix l'introduisent dans le monde des humains. Certains pourraient dire que parler à un nouveau-né relève de la fantaisie pure et pourtant une telle attitude ouvre non seulement à la relation mais donne à l'enfant le souvenir des intonations de voix qu'il se rappellera dans les moments difficiles.

6. La vie jusqu'à trois ans

Echanges et cadeaux

Parmi ces acquis, il faut signaler tout particulièrement les possibilités neurophysiologiques qui se développent. Ce que l'adulte ne manque pas de constater. C'est alors que l'éducation à la propreté débute. Certes, elle enrichit les relations mais devient source de conflits ouverts. L'enfant et la mère attachent une importance grandissante à cette action mais pour des raisons différentes ! Lui, lorsqu'il donne ses selles de manière appropriée aux exigences de l'adulte, ressent cette fonction à la fois comme une contrainte, une récompense et un cadeau fait à la mère. Il est, d'ailleurs, encouragé dans ce sens lorsque son entourage s'émerveille et louange ! La « donation » est ressentie comme un témoignage de son amour qui doit lui assurer, pense-t-il, la réciproque. Ainsi est-ce la manifestation concrète des relations affectives entretenues avec la mère. Mais — car il y a un mais —, il se rend bien compte de l'importance que revêt pour l'adulte l'expulsion de ses excréments et il va jouer de cette découverte pour tenter d'affirmer ce pouvoir tout neuf. Un sentiment de puissance qui se manifeste par le contrôle récent de cette possibilité de « donner ou de ne pas donner ». D'où une nouvelle découverte : la rétention lui procure un plaisir bien aussi intense que celui lié à l'élimination des selles. Partagé entre ces plaisirs, il utilise ses matières fécales comme des manières de cadeaux qui témoignent de son amour : il les retient quand il éprouve une réaction hostile à l'égard de son entourage, ou les expulse à tout moment et en tout lieu ! Il « emm... » son entourage...

Voilà donc une fonction nouvellement acquise qui entraîne chez l'enfant des possibilités qu'il commande ; il pousse ou il retient son « caca ». Discipliner l'évacuation de ce dernier, c'est faire plaisir à la mère ou à la personne qui la remplace, faire don activement de quelque chose à quoi il tient. Retenir ses selles, c'est s'opposer à la demande et exercer son propre pouvoir. A ce moment, le conflit s'exprime donc en ces termes : se soumettre pour être aimé de la mère ou s'opposer pour exercer une domination sur celle-ci. Or, un enfant ne renonce à un plaisir que pour un autre : ici, celui de l'obéissance à la mère aimée afin de conserver son amour.

A cette époque de l'éducation à la propreté où les enfants font parfois tourner leurs parents « en bourrique », il n'est peut-être pas inutile d'introduire l'idée qu'il y a quelque chose de dérisoire à féliciter l'enfant d'un tel « cadeau » qui sent mauvais et que l'on s'empresse de faire disparaître. Ce qui est « proprement » sidérant pour l'enfant ! Pourquoi ne pas louer fortement l'autonomie qu'implique l'élimination sur le pot : « tu es maintenant une grande fille » et les progrès de la motricité qui vont de pair avec ces nouvelles exigences ?

Histoires sales

Pourtant, les enfants s'intéressent également au résultat. C'est-à-dire à la défécation : à ce qui sort de leur corps. Il n'est que de voir l'intérêt porté par nombre d'entre eux à leurs matières fécales. Ils cherchent à les toucher et à jouer avec. C'est pourquoi on les verra barboter dans l'eau, la boue, la saleté ou le sable car ces éléments sont inconsciemment manipulés comme des substituts des excréments. Jeux qu'il convient de permettre à l'enfant car cette mise à disposition favorise chez lui la possibilité de symboliser l'enjeu de cette période : en effet, qui n'a vu un enfant dans son bain ou sur la plage remplir et vider indéfiniment un seau ou un gobelet ? Que fait-il alors ? Il constate qu'en retournant l'objet, l'eau ou le sable s'en vont mais que le récipient demeure. Il apprend ainsi que le contenant ne part pas avec le contenu. En quelque sorte, il vérifie expérimentalement que la mère, dans son désir d'éducation à la propreté, n'exige de lui que le contenu de son corps. Car c'est l'âge où l'enfant craint d'être vidé et que, avec ses selles, sa mère ne « veuille sa peau ».

Nous avons vu que l'enfant « échange » la propreté acquise contre l'affection que lui maintient sa mère. Et le type de relation qu'il entretient avec l'adulte est susceptible de modeler ses réactions ultérieures. C'est à ce moment, par exemple, que peuvent se faire jour des composantes sadiques — où les matières fécales sont considérées comme des objets qui sont détruits par l'élimination — et des attitudes masochiques — où les selles sont retenues comme une possession précieuse mais dont l'expulsion sera douloureuse comme par exemple dans le cas d'une constipation opiniâtre.

Une éducation à la propreté trop précoce ou trop sévère, avec des menaces fréquentes de punition, peut conduire à des comportements de souci excessif de propreté, voire de scrupules ou d'obsessions. L'énurésie — le pipi au lit — et l'encoprésie — le « caca » dans la culotte — tenaces, sont souvent, mais non exclusivement, le signe d'une agressivité qui ne peut s'exprimer autrement. Mais bien d'autres causes peuvent être à l'origine de tels comportements ! A ce propos, F. DOLTO, psychanalyste bien connue des auditeurs de radio, rappelle que c'est au moment où un enfant est capable de monter et de descendre quelques marches tout seul qu'il peut être propre, s'il est attentif. Elle veut dire ainsi qu'il faut que l'enfant ait une certaine maturité physiologique et que le système nerveux soit constitué pour que la propreté lui soit accessible.

Penser, c'est dire non

On appelle « stade anal » cette époque de « l'enfant sur son pot », où l'éducation se doit de faire la part des choses entre une sévérité trop grande, génératrice d'angoisse, et un laxisme — un laisser-aller, excessif — qui interdirait la mise en place des conditions permettant d'assurer l'échange et risquerait de compromettre l'accession aux acquis ultérieurs. Toujours est-il qu'à travers cette éducation, l'enfant ressent sa mère comme contraignante et en vient à craindre, sinon de la perdre, tout au moins de voir disparaître cette mère qui était autrefois si attentive à la satisfaction de ses besoins. Il est amené, pour se libérer de ses craintes, à prendre les mêmes attitudes qu'elle, pensant ainsi en prendre sa force. Et comme les interdits éducatifs s'incarnent souvent dans la négation, l'enfant se l'approprie et devient capable de dire non : c'est le fameux stade du « non » où l'enfant « se pose en s'opposant ».

Moment difficile pour les parents. Mais encore plus pour l'enfant : progressant dans l'autonomie — la marche en est un exemple — se comparant aux autres, voulant être à la hauteur des demandes des adultes, éprouvant de la tendresse pour son proche entourage, jouant de façon plus élaborée, il développe en même temps une tendance à dominer autrui et à s'opposer à lui sans raison apparente. Et pourtant, quand il fait un « caprice », il cherche à se libérer de l'emprise des personnes aimées parce qu'il sent qu'il en a acquis virtuellement le pouvoir. Et, en général, ce ne sont pas les punitions qui l'en détournent, même si elles le font souffrir, car il a conscience de façon obscure qu'il ne progressera que dans la disparition d'une sujétion totale à l'adulte.

C'est donc maintenant la fin de la troisième année : le contact est plus fréquent avec d'autres enfants, le langage s'organise et la découverte du corps se fait plus insistante accompagnée de la prise de conscience de son état de petit garçon ou petite fille. C'est le début d'une ère où se marque de manière renouvelée la place du père dans les représentations de l'enfant. Elle donne naissance au non moins célèbre complexe d'Œdipe, point fondamental de la vie humaine, du développement de chacun d'entre nous.

# Chapitre 2
Au commencement du complexe : l'Œdipe

Que l'on ne se méprenne pas! Isoler le complexe d'Œdipe de l'ensemble de la personnalité humaine est un peu une gageure car les événements psychologiques sont naturellement tributaires les uns des autres.

De même, nous sommes partagés, ici, entre plusieurs sentiments contradictoires. En effet, nous mettons l'accent sur certains conflits, certaines crises. Est-ce que cela signifie que nous dramatisons ces grands moments familiaux? Dire qu'ils sont naturels — au moins dans nos sociétés — et organisateurs de la personnalité humaine, est-ce leur attribuer un caractère fataliste? Est-ce culpabiliser les parents, c'est-à-dire vous et nous, que de penser à l'importance des attitudes éducatives? Pourtant ces attitudes ne fondent-elles pas, en dernière analyse, l'individualité psychologique des enfants en donnant à ces conflits leurs aspects constructifs ou inquiétants, fastes ou néfastes? Annoncer que la connaissance des mécanismes psychiques ne se substitue, en aucun cas, à l'action éducative mais qu'elle y concourt et la renforce, est-ce fournir une réponse satisfaisante ? Fidèle à la ligne de conduite que nous nous sommes fixée, chaque lecteur apportera la réponse qui lui est personnelle, réponse qui peut dépendre aussi des éléments d'information qui suivent.

1. Le retour du mythe

FREUD, qui connaissait ses classiques grecs et latins, n'hésita pas à donner le nom de « complexe d'Œdipe » à cette situation psychologique particulière. Il avait lu l'histoire, qui exprime elle-même un mythe, écrite par SOPHOCLE, poète tragique grec du IVe siècle avant Jésus-Christ. Rapportons-là brièvement :

> LAIOS, *roi de Thèbes, avait épousé* JOCASTE. *L'oracle de Delphes l'avertit qu'il serait tué par son fils et que ce dernier épouserait sa mère. Aussi quand l'enfant naquit,* LAIOS *l'abandonna-t-il pieds et poings liés au sommet d'une montagne. Recueilli par un berger, cet enfant* — ŒDIPE — *fut par la suite élevé par le roi de Corinthe,* POLYBE *qui l'adopta. Devenu adulte, il s'exila car un oracle lui avait prédit qu'il tuerait son père : en quittant Corinthe et* POLYBE, *il pensait déjouer la prédiction. Sur la route, il rencontra* LAIOS, *ignorant évidemment leurs liens de parenté, et le tua à la suite d'une querelle.*
>
> *A la même époque, le* SPHINX — *monstre au corps de lion, à la tête de femme et à la queue de serpent* — *dévorait les passants qui ne découvraient pas l'énigme qu'il posait.* CREON, *le successeur de* LAIOS, *avait promis le trône et la main de* JOCASTE *à qui éliminerait cet animal fabuleux. Le fils adoptif de* POLYBE *répondit à la question tandis que le* SPHINX *se tuait, furieux d'avoir été deviné. Les habitants de Thèbes voulurent connaître le nom de leur sauveur : c'était* ŒDIPE. *Comme promis, il devint roi, épousa* JOCASTE *et eut quatre enfants.*
>
> *Quelques années plus tard,* ŒDIPE *apprenait avec effroi qu'il avait tué son père sur la route de Delphes et épousé sa mère. L'oracle s'était réalisé...* JOCASTE *se suicidait,* ŒDIPE *se crevait les yeux : chassé de Thèbes, il erra dans la région, mendiant, accompagné de sa fille* ANTIGONE. *Après sa mort provo-*

quée par les ERINYES *— instruments de la vengeance des dieux — dénonçant ainsi le désordre social manifesté par l'inceste,* THESEE, *roi d'Athènes, lui accordera la sépulture qui lui était due et qui protégera Athènes. Par les dieux, il fut accablé, par les dieux, il fut honoré.*

Tragédie bien sombre certes, mais qui doit être éclairée par la suite que lui donne SOPHOCLE: en écrivant quinze ans après «ŒDIPE ROI», un «ŒDIPE A COLONE» où il montre ŒDIPE vieilli et toujours aveugle ayant retrouvé un certain calme et assumé son destin avec bonheur et lucidité. Car les héros de SOPHOCLE respirent et inspirent la confiance en l'homme...

Cette légende d'ŒDIPE est un mythe et comme tel va au-delà de l'anecdote...: les récits de cette nature ne mettent-ils pas en jeu des phénomènes qui sont le reflet des préoccupations des hommes depuis leurs origines? Partons ensemble à la découverte de l'ŒDIPE des temps modernes.

2. Paroles et mots d'enfants

Nadège a 3 ans. Elle observe intensément son père, ses yeux sont admiratifs et rieurs. A table, elle désire être à côté de son papa, n'accepte de l'aide et des conseils que de lui. Le dîner terminé, elle vient sur ses genoux, se blottit contre lui et l'enlace d'un air enjôleur et satisfait. S'il rentre tard un soir, elle ne s'endormira qu'après sa venue dans la chambre et le baiser traditionnel. Devant un album de photographies où figure le portrait paternel, Nadège n'arrête pas de s'extasier et répète à l'infini: «papa, papa, papa...» tandis qu'elle reste muette devant celui de sa mère. Chaque retour de travail du père est l'occasion de démonstrations éclatantes de joie. Il ne peut faire un pas sans être suivi. Quant à la mère, elle est «oubliée» et quelquefois écartée quand Nadège ne devient pas carrément odieuse lorsque les époux sont ensemble. Nadège s'arrange alors pour les séparer et prendre la place de la mère. Ingénument, elle dira: «Quand je serai grande, je me marierai avec papa».

> *Bertrand, 6 ans, d'un air entendu, coquin et malicieux, répète : « elle est amoureuse ! elle est amoureuse ! » sur un air de comptine.*

Chacune à leur manière, les attitudes et les réflexions de ces enfants, frère et sœur, sont dignes d'intérêt. Celles de Nadège montrent la fillette engagée dans une situation affective que FREUD a dénommée le complexe d'Œdipe. Celle de Bertrand dont la pertinence impressionnante résume en trois mots, d'une manière certes lapidaire, la capitale découverte combattue et niée pendant des générations, quelquefois encore difficilement acceptable pour les adultes. Pourtant quelle magnifique illustration des sentiments enfantins !

Les témoignages de Nadège et Bertrand montrent à l'évidence que la petite fille éprouve des sentiments d'amour pour son père et d'hostilité et de rivalité envers sa mère.

En outre, n'est-ce pas l'image que chacun d'entre nous a pu glaner ici et là du complexe d'Œdipe ? Dépassons le cadre de la simple observation pour tenter de comprendre ce qui se passe plus en profondeur. En effet, ces manifestations visibles ne sont que celles que l'enfant laisse apparaître à la surface mais elles ne constituent cependant que le résultat tangible d'un long « travail psychique » souterrain. Dissocions le cas de la petite fille de celui du petit garçon car leurs sentiments sont fort dissemblables. C'est d'ailleurs le cas du garçonnet que nous allons maintenant considérer.

3. Propos de petit garçon

Alain a 3, 4 ou 5 ans. Peu importent ici le prénom et l'âge exact. Il vient de prononcer une petite phrase terrible : « papa, j'aimerais bien qu'il soit mort... ». Notons au passage que cela peut être quand même plus subtil : « dis, maman, il va partir papa?...» ou encore: «Il revient quand, papa?...». Toujours est-il que les parents d'Alain se sont naturellement émus. Du reste, comment ne pas en être affecté? La réponse serait plus aisée et plus sereine si l'on savait ce qui s'est passé dans la tête de cet enfant au demeurant tout à fait affectueux.

Jusqu'à présent, Alain, comme tous les enfants de son âge, dépendait de sa mère sur tous les plans tant elle apportait de soins, d'attentions et de tendresse. Elle, en retour, attend de lui une conduite affectueuse qui vienne confirmer ce lien filial. Ainsi Alain est-il marqué non seulement par le désir mais aussi par le pouvoir maternels qui entravent son autonomie naissante. Pour que celle-ci se développe et se concrétise, la relation entre mère et enfant se doit d'être sinon rompue du moins modifiée. Cela se produit au moment où l'enfant découvre que les rapports que son père entretient avec sa mère sont d'une nature différente des siens: la chambre conjugale est au centre de ses préoccupations, ce lieu d'où les parents se dérobent à son observation... Pensons aux tentatives d'entrée en cet endroit... Il découvre que sa mère est aussi une femme...

Parallèlement, Alain poursuit son développement sexuel naturel. C'est à ce moment que ses intérêts se déplacent sur la zone génitale. Il a déjà découvert l'existence de son pénis et du plaisir lié aux attouchements et à la masturbation. Fier, il voudrait s'exhiber mais les adultes n'autorisent pas cette attitude. Sa curiosité sexuelle s'en trouve avivée et l'on assiste à la création de «théories sexuelles» concernant la conception et la naissance des enfants; elles sont remarquables dans la mesure où se mêlent le vrai et le faux qui tiennent à la difficulté de relier entre elles les informations qu'il détient et celles qu'il imagine: «Dis maman, comment le bébé, il entre dans le ventre?» D'ailleurs, Alain pose ces questions comme il demande : « pourquoi il pleut ? », il attend des réponses simples avec des mots justes et précis qui ne vont pas au-delà de la question posée. Il reviendra plusieurs fois sur les mêmes questions, non qu'il n'a pas entendu ou compris mais parce que ses préoccupations évoluent et que ces informations prennent des colorations émotionnelles importantes.

A présent, tous les éléments — familiaux, relationnels, sexuels — sont réunis pour qu'Alain s'installe dans le complexe d'Œdipe. Ses investigations personnelles l'ont amené à prendre conscience de son corps et de son sexe — c'est l'âge, par exemple, où il est capapble de reproduire, dans un dessin, un personnage complet avec bras, doigts et tête achevée. Il comprend mieux aussi la nature des relations entre ses parents. En d'autres termes, il découvre que la famille ne se limite pas exclusivement à lui-même et à sa mère ; il faut y inclure une troisième personne : le père.

Présence qui ne le satisfait guère car elle est ressentie comme un obstacle aux relations avec la mère à un moment où il est justement capable de lui montrer combien il l'aime. Or, le père vient contrecarrer ses désirs : il accapare sa mère, lui parle, sourit, l'enlace, l'embrasse ou encore l'empêche de pénétrer dans la chambre parentale quand ils s'y trouvent tous deux... En somme, le père conquiert ce que lui, enfant, ne peut obtenir, c'est-à-dire un attachement privilégié à la mère. Dans un tel contexte, l'enfant se sent à la fois exclu et victime. Exclu de l'amour maternel et victime du pouvoir paternel. Un père, en définitive, bien gênant et qui engendre l'hostilité du fils.

Mais le petit garçon, en même temps, aime son père, a besoin de lui, l'envie également d'avoir une telle intimité avec sa mère. Adulte, il peut punir, ordonner et gronder. Constatations qui prennent un relief particulier et sont reçues par l'enfant comme des manifestations de puissance, de supériorité, d'autorité. Toutes choses que lui, petit enfant, aimerait posséder.

Or, ce garçonnet, pris dans un réseau de désirs contraires, se rend compte que certains d'entre eux ne sont pas très «acceptables» d'autant plus qu'il ne fait pas toujours nettement la distinction entre la réalité et ses fantasmes. C'est-à-dire entre le monde extérieur et les produits de son imagination. Pour lui, penser c'est agir, et agir, dans ce cas-là, c'est souhaiter la disparition du père. Disparition qui ne peut se réaliser que par le départ ou la mort. D'où l'éclosion d'un sentiment de culpabilité intense qui ne peut trouver sa résolution que confronté à l'image d'un père suffisamment fort. En effet, et bien que cela puisse apparaître paradoxal, le père se doit d'être capable d'autorité car il permet ainsi à son fils de décharger son hostilité. Il se présente à la façon d'une digue contre laquelle viennent se briser les assauts de l'enfant. Si la digue résiste convenablement, l'enfant s'apercevra que ses fantasmes — donc son imagination — ne risquent pas de la détruire. L'autorité paternelle bienveillante permet dès lors la dédramatisation de la situation œdipienne. Comprenons qu'il s'agit d'une autorité plus proche de la compréhension et du pardon que de celle qui puise ses racines dans le pouvoir d'imposer l'obéissance en toutes choses...

Enfin, conscient de cette hostilité et de cette rivalité envers son père, il va, par un processus de défense, curieux certes mais bien connu des psychologues sous le nom de *projection*, prêter à son père les sentiments que lui-même éprouve. C'est-à-dire que lui, enfant, va croire que son père le perçoit comme rival et hostile envers sa petite personne. Dès lors, il aura peur d'une sévère punition paternelle, ce qui aurait pour effet de le remettre à sa véritable place: l'enfance. C'est bien là souvent l'origine de ces cauchemars enfantins où l'enfant raconte que, dans ses rêves, il est poursuivi par des animaux féroces ou monstrueux. Ces rêves traduisent la peur du père symbolisé, ici, par des animaux en général puissants : lion, loup, éléphant, monstres, ...

Quant aux sentiments pour la mère, il suffit de rencontrer des petits garçons élevés dans des milieux relativement tolérants à l'expression enfantine pour les entendre évoqués oralement. Les autres les garderont pour eux mais tous les connaîtront, qu'ils le fassent ouvertement ou qu'ils se cachent : le petit garçon est amoureux de sa mère ! Si de telles affirmations semblent gratuites ou, qui sait, scandaleuses à certains, qu'ils observent autour d'eux avec attention et sans arrière-pensée... Si vous êtes maman, vous avez déjà pu percevoir ces manifestations chez votre fils. Si vous ne l'êtes pas, tendez quelquefois l'oreille ou bien ouvrez grands les yeux pour constater le comportement des petits garçons auprès de leur mère. Ces attitudes observées, et avant de les condamner au nom d'une moralité sexuelle adulte qui y verrait un choix incestueux, demandons-nous si l'« inceste » n'est pas seulement pour nous, adultes, qui devons savoir que les élans affectifs enfantins sont dépourvus de sens moral. L'enfant ignore totalement qu'il est incestueux en aimant sa mère d'un amour très intense et d'une autre nature que celui habituellement désigné comme filial.

Mais, il est bien évident que la mère ne répond pas aux attentes de son fils autant que celui-ci l'espère dans la mesure où elle a déjà choisi le père : qu'il n'est, lui, qu'un tout petit garçon : l'enfant va progressivement en prendre conscience. Attitudes qui vont amener chez lui un certain ressentiment pour la mère qui ne se montre pas à la hauteur de son amour. Déçu, il va éprouver, à de rares moments, un sentiment proche de la haine pour elle. Ce sont des frustrations affectives propres à cette époque qui viennent s'ajouter à d'autres: que l'on songe à toutes celles qui ont trait à l'éducation d'un enfant sous forme de contraintes plus ou moins bien supportées: propreté, politesse, naissances ultérieures, ... en fait tout ce qui concourt à la socialisation de l'être humain.

Voilà donc comment se présente le complexe d'Œdipe chez le petit garçon. On voit se dessiner un mouvement de sentiments multiples, fluctuants et quelquefois opposés que nous résumerons ainsi:
1. Il devient amoureux de sa mère.
2. Il tente de la séduire avec les moyens dont il dispose.
3. Il manifeste de l'hostilité à l'égard d'une mère qui ne répond pas à ses avances répétées et qui, de surcroît, impose des contraintes éducatives.
4. Il admire son père qui fait ce que lui ne peut pas faire et incarne ce qu'il voudrait être.
5. Il hait ce père — le mot n'est pas trop fort —, qui empêche la réalisation de ses désirs amoureux d'intimité avec la mère et qu'il ressent comme un rival.
6. Il est culpabilisé par ses désirs qui lui semblent inquiétants.

L'imagerie classique n'a retenu que les éléments (1), (2) et (5), les plus spectaculaires et les plus fréquents, mais nous avons vu que la réalité enfantine est beaucoup plus compliquée (complexe?!) à une période où amour et haine sont intimement liés.

Le cas de la fillette diffère de celui du garçon. Nous allons maintenant en tenter la description.

4. Du côté de la petite fille

Elle a connu jusqu'à l'âge de 3 ans le même attachement à sa mère et la même dépendance que le garçon. Elle aime donc beaucoup sa maman... qui le lui rend bien. Ainsi garçon et fille font-ils l'apprentissage de sentiments amoureux avec la même personne : la mère. Mais alors que le garçon conserve cet amour au cours de son « idylle familiale », la petite fille, elle, est obligée d'opérer un véritable renversement de situations en portant ses préoccupations amoureuses sur son père. L'un poursuit son aventure amoureuse alors que l'autre est contrainte d'abandonner la sienne pour la recommencer avec son père. Pourquoi et comment cela ?

La fillette continue son développement sexuel, explore son corps et prend conscience qu'elle n'est pas comme son frère ou ses petits camarades masculins : il lui manque quelque chose. Dès lors ses préoccupations vont tourner autour de cette absence et interrogation : pourquoi n'a-t-elle pas de pénis ? Plus ou moins confusément — selon l'attitude de l'entourage — elle sait que certaines personnes, et en particulier son père, possèdent cet attribut viril. Au gré de ses interrogations personnelles, de ses recherches, différentes phases vont se succéder pendant lesquelles elle sera traversée par des sentiments divers : refusant cette absence, elle pensera d'abord que le pénis lui a été dérobé, puis qu'il « poussera », enfin elle va tenter de mettre au clair les relations entretenues par ses parents. Bref, la curiosité sexuelle de ses premières questions la conduira à mener une lutte plus ou moins sourde ou bien carrément ouverte avec sa mère rendue responsable de ce qu'elle croit être un « manque ».

C'est l'époque, bien connue des mamans de petites filles, où ces dernières deviennent opposantes et agressives. Déclarant à leurs mères qu'elles sont « méchantes », « vilaines », « qu'elles ne les aiment plus », que « papa est beaucoup plus gentil », elles ajoutent à cela une désobéissance insolente. Attitudes d'autant plus difficilement supportées et agaçantes que leur comportement avec le père est radicalement différent : l'agressivité fait place à la soumission, l'hostilité à l'amour et l'opposition à la tendresse. Pourquoi? Déçue de ne pas être un garçon, elle tente de séduire son père. C'est l'instant de scènes tendres où elle se montre charmante avec lui; câlinant, embrassant, désirant qu'il soit présent dès qu'elle réalise quelque chose. Provocante également lorsqu'elle joue «à la grande dame» avec les habits de sa mère pour attirer l'attention du père.

Mais, comme chez le garçon, divers sentiments se télescopent: attribuant à sa mère ses propres sentiments, la fillette a quelquefois l'impression que celle-ci ne l'aime plus, sensation ravivée lorsque sa mère se met en colère. De la même manière, ces désirs d'éliminer la mère s'accompagnent d'une grande culpabilité envers un être qui lui a apporté tant de soins et dont elle a encore tant besoin. Obscurément consciente de cette attitude discordante, on la verra, par exemple, dans la cuisine, tentant d'apprendre à confectionner un plat: dans cette scène, se mêleront tout à la fois, le désir de se réconcilier avec la mère et le souhait de montrer au père qu'au fond elle ne ferait pas une si mauvaise épouse que cela.

Puis, découvrant qu'elle ne sera jamais un garçon et que sa rivalité avec la mère est sans issue, elle va abandonner son attitude de séduction du père pour s'engager dans la voie d'une identification à la mère à la fois pour lui faire plaisir et pour lui ressembler. La déception initiale, en fait, sera l'occasion de dépasser la situation œdipienne en permettant à la fillette comme au garçonnet de trouver en dehors de la famille et sur d'autres personnes des satisfactions affectives.

Pour résumer succinctement: le milieu familial, par les déceptions irréductibles qu'il provoque, permet le renoncement des aspirations amoureuses sur les parents des enfants des deux sexes pour leur substituer les sentiments qu'ils connaîtront plus tard au cours de leurs rencontres amoureuses.

Ainsi donc, la situation de la petite fille se présente comme suit :
1. Elle constate la différence anatomique des sexes.
2. Elle devient agressive et hostile envers sa mère qu'elle croit être responsable de son état, ne serait-ce que parce que c'est elle qui l'a mise au monde.
3. Elle se tourne vers son père pour qu'il lui donne ce qu'elle n'a pas.
4. Elle est déçue devant l'inutilité de ses efforts et va se conduire en rivale de la mère.
5. Elle devient amoureuse de son père.
6. Elle tente de le séduire.
7. Elle est culpabilisée par les sentiments qu'elle éprouve et où se mêle, entre autres, la peur de perdre l'amour de la mère.

Là encore, seuls les éléments (2), (5) et (6) ont surtout retenu l'attention. La réalité montre l'enfant vivant une situation conflictuelle plus importante qu'on ne le croit bien souvent ; les attitudes des parents font grandement pour faciliter ou entraver la résolution des problèmes enfantins de cette époque.

5. L'Œdipe : toujours et partout ?

En lisant les lignes précédentes, on ne peut pas ne pas se poser la question de savoir si ce stade œdipien existe dans toutes les familles, dans toutes les sociétés primitives, modernes, occidentales, socialistes ou orientales.

De nombreux chercheurs en sciences humaines s'affrontent sur ce terrain délicat. Certains, dont S. FREUD le permier, y voient un phénomène « naturel », d'autres, parmi lesquels W. REICH*, psychanalyste engagé dans les problèmes sociaux et politiques de son temps, lui attribuent un caractère «culturel». Pour ces derniers, le complexe d'Œdipe serait donc un produit de la culture et dès lors EVITABLE si l'on envisage une civilisation autre ou un système politique différent. C'est, en fait, le problème de l'universalité de l'Œdipe qui est, ici, posé. Il y aurait certes beaucoup à dire sur ce point. Contentons-nous de remarquer que, antérieurement à REICH*, B. MALINOWSKI*, ethnologue, a tenté de démontrer que dans les sociétés matriarcales où les femmes donnent leur nom aux enfants et exercent une autorité prépondérante dans la famille, il n'existait pas de stade œdipien. On sait maintenant que cet ethnologue avait «conclu» bien rapidement: la structure œdipienne existait bel et bien, seulement elle était déplacée sur l'oncle et la sœur. L'un faisant fonction de père, l'autre de mère dans ces sociétés. De fait, B. MALINOWSKI refusait l'inconscient et ses conséquences. Mais c'est une autre histoire...

Plus récemment, deux auteurs G. DELEUZE* et F. GUATTARI* ont critiqué le complexe d'Œdipe dans un livre au titre évocateur: *L'Anti-Œdipe*. Ils substituent à ce complexe la notion de désir qui, lui, serait interdit parce que dangereux et révolutionnaire. Ils affirment auparavant que le fondement de la psychanalyse est son «familialisme» et qu'elle s'évertue à débusquer l'Œdipe même là où il ne serait pas... En d'autres termes, l'Œdipe représente, disent-ils, une invention répressive de la société capitaliste afin d'interdire la force du désir.

De nos jours, et une partie de la théorie de G. DELEUZE* et F. GUATTARI* en est la confirmation, il existe des psychologues pour penser que si l'organisation familiale était modifiée ou, plus radicalement, si la famille était supprimée, le complexe d'Œdipe disparaîtrait de lui-même. Un exemple simple permettra de mieux comprendre: des structures familiales particulières comme celles en vigueur dans les kibboutz israéliens conduisent à une diminution de l'intensité des relations œdipiennes, si l'on en croit B. BETTELHEIM dans son ouvrage *Les enfants du rêve* où il conte une expérience d'éducation communautaire. Des recherches se poursuivent aussi pour rendre compte de ce qui se passerait, de manière plus particulière que ce qu'en a décrit le freudisme, «du côté des petites filles». S'il fallait esquisser une réponse à la question: «Œdipe: toujours et partout?», nous dirions:

- Réduire le complexe d'Œdipe à la réalité de situations observées c'est, sans conteste, en fausser le sens. La situation œdipienne s'exprime en termes de réalité psychique, — où interviennent donc l'affectivité, le fantasme, l'imaginaire —, non de réalité matérielle.

- L'intensité du complexe et ses formes d'expression varient avec les modalités d'organisation de la famille d'une société à l'autre.

Ces précisions apportées, il faut souligner que dans les sociétés occidentales actuelles, le complexe d'Œdipe est présent; il organise le développement de la personne humaine.

Ce balancement continuel des sentiments enfantins désarçonne bien souvent les parents-éducateurs qui comprennent mal comment l'enfant peut passer par des sentiments aussi contradictoires que puissants. Quelles possibilités s'offrent à nous pour permettre à l'enfant de bien traverser cette période délicate de façon à structurer efficacement sa personnalité?

Certes, il faudrait être présomptueux ou inconscient pour prétendre dicter des conduites éducatives. L'éducation, croyons-nous, se modèle et se construit aussi selon les circonstances et, il est, sans doute, des manières de réagir facilitant ce passage œdipien tant décrié. Passage transitoire qui ne saurait être, en lui-même, ni la cause d'une quelconque maladie mentale, d'une quelconque anormalité, ni l'« explication » unique à laquelle pourraient être rapportés tous les troubles éventuels qui marqueraient le développement d'une personne.

> ## ŒDIPE
>
> *Alain - 11 ans*
>
> *Alain dessine sa propre famille où les parents sont relativement âgés (père : 54 ans - mère : 50 ans).*
>
> *On remarque d'emblée la valorisation de la relation père-fils :*
> - *l'un et l'autre sont en contact;*
> - *l'enfant est à côté du père;*
> - *les deux personnages, bien que de tailles différentes sont semblables (même physionomie, mêmes habits, mêmes couleurs);*
> - *tous les deux ont une canne à la fois symbole phallique mais aussi signe de la vieillesse du père.*
>
> *La mère est dessinée très jeune avec des tresses et des nœuds dans les cheveux. On pourrait aisément voir ici le désir d'une mère plus jeune qu'elle ne l'est en réalité.*

● *Attention* : l'interprétation des dessins d'enfants requiert beaucoup de prudence. Les quatre cas rapportés ici ont fait l'objet d'entretiens cliniques approfondis dans lesquels les dessins constituent un des éléments du diagnostic. Les dessins reproduits ne le sont qu'à titre d'illustration. Nous reprenons la question de l'interprétation des dessins d'enfants aux pages 163-164 du présent ouvrage.

Chapitre 3
Au-delà de l'Œdipe

1. Homme et femme pour demain

Entre 3 et 5 ans, l'enfant est donc confronté à la difficile période œdipienne. Les attitudes du garçon et de la fille se constituent, accusent leur originalité. Le garçon, admiratif et envieux, hostile et affectueux, a investi ce pénis récemment découvert d'une puissance très grande qu'il a rapidement étendue à l'ensemble de sa petite personne. Mais il y a la rencontre avec le père. Ce père vécu à la fois comme modèle et obstacle devient « l'organisateur » de sa vie psychique. Il est le « garde-fou » que le garçon se donne et supporte pour conserver l'amour et l'affection des parents.

Malgré tout, il s'accommode mal de cette contrainte face au sentiment tout neuf de puissance qu'il éprouve. C'est alors le déploiement de l'agressivité à l'égard du père. Normale et légitime, celle-ci, liée à la présence du père, est heureuse car elle montre aussi bien le désir d'affirmation de l'enfant que le rôle éducatif paternel dans la socialisation des instincts infantiles.

Le rôle bien compris de ce dernier n'est pas de faire disparaître l'agressivité de son fils, porteuse de l'évolution vers la maturité, mais de la canaliser et de la banaliser afin qu'elle soit intégrée et formatrice de la personnalité humaine naissante. Un père, mal informé, adoptant des attitudes, par exemple trop ouvertement conciliatrices, réduit à néant l'agressivité du garçon et risque de conduire l'enfant à une véritable mutilation psychologique car elle laisse ce dernier sans digue, sans barrière et sans référence à l'adulte.

Dans le cas de la fille, différent nous l'avons vu, le manque de pénis est compensé tout d'abord par l'illusion de sa possession future. Illusion qui lui permet de se rapprocher du père tout en considérant qu'elle détient un pouvoir sur sa mère. D'où la séduction vis-à-vis du père et l'hostilité envers la mère. Puis l'inutilité de ses efforts l'amène à investir son corps tout entier pour séduire le père. Mais ce désir inaccessible la pousse à en faire son deuil et la conduit alors vers des sentiments et des attitudes plus autonomes.

L'autonomie semble bien être une des qualités que laisse derrière lui le conflit œdipien. En effet, les renoncements déchirants imposés à l'enfant l'obligent à se détourner du passé. Un passé qui le destinait à être parasitaire et possessif. Ce conflit lui permet de quitter cette période de dépendance pour s'affirmer en tant qu'individu sexué.

Un exemple : Gérard vit dans un milieu familial dominé par la violence et l'agressivité de ses père et mère. Il réagit par la même violence afin de survivre dans ce climat. Il est décrit comme instable et impulsif. Un bref entretien montre déjà que les relations avec les parents sont vécues de manière dangereuse car l'amour semble absent mais non les brutalités. Or, la sécurité dans les relations permet habituellement l'identification aux parents et fait accepter à l'enfant les contraintes éducatives momentanées. Gérard, lui, ne connaît que l'insécurité.

> *Le père est « exclu » et ne remplit pas le rôle « organisateur » qui devrait être le sien. Livré à lui-même, Gérard ne connaît pas ses limites, ne se maîtrise pas; il est en bonne voie de devenir un de ces « voyous » qui multiplient les actes délictueux et violents... Il n'a pas connu la présence rassurante d'un père qui, tout à la fois, impose des règles et sait les rendre acceptables lorsqu'elles sont nécessaires.*

2. Une petite voix intérieure

Un autre bénéfice réside pour l'enfant dans toute cette série d'acceptations et de renoncements qui le conduisent à reconnaître et à faire siens les interdits parentaux par la formation d'une instance psychique que les psychanalystes appellent le SURMOI*.

S'agit-il d'une généralisation hâtive lorsque nous assimilons conscience morale et SURMOI ? Pourtant, considérons la petite voix intérieure de l'enfant qui lui dit qu'il y a « des choses qui ne se font pas » et « d'autres qui se font » : elle constitue bien une partie non négligeable du SURMOI*. Restons dans la vie quotidienne et reconnaissons tout simplement que l'enfant intériorise les exigences des parents pour ne pas perdre leur amour. Et ces exigences assumées feront que l'enfant acquerra, pour une part, la notion de ce qu'est la vie morale.

Ce SURMOI que FREUD a dénommé « l'héritier du complexe d'Œdipe » appelle plusieurs remarques. L'enfant, lorsqu'il renonce à la satisfaction de désirs interdits, transforme son amour pour les parents en identification à ce qu'ils représentent. Le SURMOI intériorise également les normes qui fonctionnent dans l'environnement socio-culturel de l'enfant : moralité, religion, éducation. C'est dire que l'enfant fait siennes toutes les interdictions qui lui ont été prodiguées et se conduit alors comme un être socialisé capable d'évoluer sans trop d'accrocs dans la société. Cela arrive, dit FREUD, lorsqu'il y a « identification réussie avec l'instance parentale». Il entend par cela non pas seulement une identification aux parents en tant que personnes mais aussi une identification aux traditions sociales qui assurent par là même la permanence des jugements de valeurs à travers l'histoire de l'humanité.

Signalons, ici, que tous les analystes ne sont pas d'accord avec cette vision des choses: certains, comme Mélanie KLEIN*, font remonter les interdictions et leur compréhension par l'enfant à une époque bien antérieure à celle du complexe d'Œdipe, et le petit humain serait confronté à des situations «œdipiennes» dès les premiers mois de sa vie.

3. Tours, détours et contours

Certains comportements semblent imprévisibles mais la psychanalyse nous a appris, à travers ses observations, à voir les restes de problèmes œdipiens mal résolus. Le psychanalyste ZULLIGER raconte qu'un enseignant découvrit un de ses élèves qui crevait les pneus de sa bicyclette. Etonné, le maître s'aperçut, après quelques minutes d'entretien, que l'agressivité ainsi exprimée visait le père de cet enfant et que lui-même n'avait été que le remplaçant, le substitut! Ainsi l'hostilité œdipienne est capable de prendre des chemins détournés dont on ne saisit pas toujours le sens au premier abord mais auxquels nous sommes quotidiennement confrontés. Souvent, celle-ci se transfère sur les nombreuses formes d'autorité. Et les éducateurs connaissent bien ces situations où ils sont plus souvent les jouets que les instigateurs des attitudes des enfants!

On conçoit que la situation œdipienne ait de nombreuses répercussions que nous pourrions développer; mais tel n'est pas notre dessein: les parents ou leurs substituts sont susceptibles de saisir les incidences de telle ou telle évolution de l'enfant dès lors que l'on envisage les plus symptomatiques d'entre elles.

Les problèmes œdipiens possèdent une faculté immense de se transférer, se multiplier, se déplacer et se généraliser. Certes, par exemple, l'hostilité au père risque d'amener une révolte contre la société mais un amour trop exclusif pour le parent du sexe opposé conduira à des difficultés d'adaptation tout aussi flagrantes. Un fils fixé à sa mère par des liens trop intenses peut forger un adulte dévirilisé si l'adolescence ne lui fournit pas l'ultime occasion d'entamer un processus réversible de cette captation de l'amour maternel.

La vie d'un petit d'homme est parsemée de vicissitudes, bénignes aux yeux des parents mais essentielles si l'on considère le point de vue de l'enfant. A l'âge de l'Œdipe, il faut savoir que la majorité des situations auxquelles s'expose l'enfant sont d'origine sexuelle. Il y trouve intérêt et matière à réflexion. Les événements de cette période lui donnent un éclairage nouveau et sont susceptibles d'être facilement « montés en épingle » pour peu qu'ils prennent un caractère curieux, rare ou étonnant.

Certains parents, par leurs attitudes, « érotisent » très facilement les relations avec l'enfant, acceptent, par exemple, qu'il couche avec eux, laissent croire que les sentiments de l'enfant pourront se réaliser («je me marierai avec toi»). En un mot, ils jouent avec leurs sentiments, préparant ainsi de grandes déceptions mais surtout ils favorisent une excitation sexuelle que l'enfant contrôle mal et qui occasionne une tension nerveuse et émotionnelle. Entièrement aux prises avec cette excitation provoquée en sus, il ne peut être libre pour aborder avec sérénité l'étape œdipienne. Précisons cependant qu'il y a loin de cette attitude ambiguë à celle, saine et souhaitable, qui consiste à écouter les sentiments du petit garçon ou de la petite fille. Non seulement les parents peuvent ainsi entendre ces sentiments mais, le faisant, ils montrent à l'enfant qu'il est compris. Ils facilitent donc la prise de conscience de sa personnalité en tant que garçon ou fille et atténuent la déception de ne pas être autre. Là encore, la difficulté réside dans la nuance, encore que l'observation psychologique montre que dormir dans le lit de ses parents — et avec eux — à cinq ans est presque toujours une erreur.

De la même façon, l'enfant qui commence à réaliser la différence entre garçon et fille s'en trouve profondément choqué si cette découverte se fait à un moment crucial : un garçon qui pratique la masturbation, interdite par les parents, s'il est mis en présence d'une petite fille, peut penser que c'est là la punition promise. Les témoignages d'enfants ne manquent pas où l'on constate qu'ils vivent sur le mode dramatique l'absence d'organes génitaux visibles chez la petite fille.

Nous avons remarqué l'importance de la culpabilité chez l'enfant à cet âge. Les désirs de disparition du parent du sexe opposé en sont responsables. Lors d'un divorce ou d'une mort en cette même période, l'enfant a l'impression que ses désirs se sont réalisés. Plus ou moins confusément, il se sent responsable d'une situation qu'il avait maintes fois souhaitée. Or voici qu'elle se réalise !... La réalité devient drame. Il sera nécessaire de montrer à l'enfant que sa responsabilité n'est pas en cause. Lui permettre de dire ses doutes et ses angoisses, l'entendre et le renvoyer à ses propres sentiments c'est lui montrer qu'on a saisi ce qui se passe en lui et se donner ainsi la possibilité de le ramener progressivement à la réalité.

La naissance d'un petit frère, qui ravive les questions sexuelles, l'entrée à l'école maternelle qui inquiète, une intervention chirurgicale, pour un phimosis — un prépuce trop étroit —, par exemple, sont autant d'événements dont il faut se préoccuper et préparer l'enfant à les accepter. A cette période sensible, ces faits sont interprétés en fonction de connaissances actuelles véritables ou non. Imaginatif, l'enfant risque de leur donner la teinte de ses préoccupations : le petit frère est destiné à le remplacer dans l'amour des ses parents, l'entrée à l'école est ressentie comme une façon de l'éloigner du milieu familial, l'opération comme une punition de la masturbation. Certes, ce ne sont que des exemples et les réactions diffèrent selon les enfants mais soyons sûrs que de telles interprétations enfantines, pour fausses qu'elles soient, sont fréquentes et que l'enfant en est toujours la victime.

Cependant, ces petits dangers sont évitables : l'arrivée au foyer d'un nouveau-né sera l'occasion d'expliquer — si l'on sent l'enfant réceptif et avec un vocabulaire approprié — les aspects sexuels qui y font référence. Encore ne faut-il pas s'arrêter là à la conception, la grossesse et l'accouchement ! Le nouveau-né le préoccupe également : pourquoi un nourrisson ? Est-ce que lui-même ne satisferait pas ses parents ? Sont-ils mécontents de lui ? L'« autre » va-t-il prendre sa place ? Questions auxquelles il faut bien trouver des réponses... et placer, par exemple, dans le berceau du nouveau venu un cadeau pour le plus grand, « offert » par le cadet à son aîné, est un acte qui, pour mineur qu'il paraisse, est bien gage d'amour et de paix.

L'entrée à l'école maternelle nécessite aussi des précautions. L'enfant découvrira d'ailleurs rapidement l'intérêt qu'elle présente par les jeux, les confrontations aux camarades, les réalisations manuelles et intellectuelles qui le grandissent. C'est l'apprentissage des rapports sociaux différents de ceux du milieu familial. On ne « met » pas l'enfant à l'école pour s'en débarrasser, sinon c'est se préparer d'emblée des lendemains difficiles, mais on le prépare à sa vie d'écolier en allongeant progressivement les temps de scolarité, en révélant les nombreux centres d'intérêts qui s'y attachent, et peut-être surtout en écoutant l'enfant, en partageant avec lui, cette nouvelle existence.

Enfin, une intervention chirurgicale demande, elle aussi, une accommodation à l'environnement hospitalier et aux causes qui justifient l'opération : pourquoi, par exemple, ne pas faire manipuler par l'enfant son prépuce qui ne se décalotte pas facilement? Il fait ainsi de lui-même l'expérience de l'étroitesse de l'anneau et par conséquent de la valeur de l'intervention.

Quelques exemples... mais qui, une fois encore, soulignent l'extrême importance des éducateurs, de leurs attitudes et comportements.

4. Père et mère d'Œdipe

On a l'habitude de dire que lorsque se produit une identification réussie du fils au père et de la fille à la mère, cela constitue la solution la plus heureuse à la situation œdipienne. Pour ce faire, il va sans dire que père et mère se doivent de constituer des « exemples fiables ». Mais qu'est-ce que cela signifie? La réponse n'est pas aisée. Avancerons-nous qu'ils doivent être « intègres », « authentiques », « accessibles », « affectueux », « disponibles » et « tolérants », tous termes qui nous semblent les adjectifs clefs d'une action parentale éclairée? Des mots? Peut-être! Mais pourquoi ne se cacherait-il pas derrière eux une réalité?

Pour notre part, nous pensons que la conscience de la situation œdipienne ainsi qu'une réflexion attentive et, pourquoi pas, son analyse par une action concertée des parents sont déjà un gage favorable d'évolution positive pour l'enfant. De même, la possibilité pour lui d'investir une partie de ses sentiments en dehors de la cellule familiale fera que cette situation risque d'être ressentie d'une manière moins intense. Grands-parents, amis, camarades, école, ... ont, ici, un rôle à jouer.

Terminons ce chapitre par une remarque sur laquelle JUNG*, disciple dissident de FREUD, a mis l'accent et que l'on a un peu perdue de vue mais qui peut paraître capitale : si le père et la mère sont des personnages bien réels, l'enfant confère à ses parents une personnalité qui dépasse quelquefois leur réalité individuelle. Parfois, le fils, ou la fille, se constituent une image parentale qui englobe les expériences ancestrales et les mythes immémoriaux. JUNG a donné à cette constitution le nom d'«inconscient collectif». Concrètement, on peut penser que lorsque l'enfant représente ses parents, dans ses rêves ou ses productions verbales et graphiques, sous forme de rois, reines, anges ou démons, sorciers ou monstres, ces sentiments ne sont plus tout à fait explicables par des phénomènes dus exclusivement aux comportements éventuels des parents.

Il importait que cela fût dit afin de dissiper certains malentendus : des parents très attentifs et scrupuleux pourraient — au vu de dessins «monstrueux» — s'accuser d'erreurs ou de carences éducatives qu'ils n'ont pas commises. En fait, il peut s'agir de configurations et d'incarnations qui dépassent le domaine proprement éducatif et qui d'ailleurs se dissipent si elles n'ont pas établi leurs bases sur la réalité des attitudes parentales.

Chapitre 4
En mal d'Œdipe

Tact, délicatesse et juste appréciation sont très utiles dans la mesure où ceux qui vivent avec des enfants ont à assumer un rôle double qui demande à la fois de faire preuve d'autorité et d'être capable de donner l'amour dont l'enfant a besoin. Facile à dire, moins facile à vivre surtout quand cela réveille en soi-même des émotions très enfouies et qu'il n'est pas toujours agréable de sentir ou de s'avouer... Voyons quelques situations qui, à travers leur exemplarité même, illustreront les aléas de la position œdipienne infantile et les réponses inadaptées que des parents maladroits ou indisponibles ont pu donner.

1. Inattentions

> *Bernard, quatre ans, a vécu jusqu'à présent dans un milieu familial relativement équilibré où le père occupe une situation professionnelle qualifiée d'enviable. La mère est à la maison. Il se conduit en enfant qui ne se mêle pas des affaires des grandes personnes. Du moins, le lui dit-on. Or, ces dernières semaines, Bernard a modifié ses attitudes et cherché à entrer*

dans le monde des adultes. C'est ainsi que lorsque son père nettoie sa voiture, il s'empare de l'éponge et maladroitement essaie de l'imiter. De même, lorsqu'il lit, le garçonnet vient babiller derrière son épaule ou encore il s'immisce dans les conversations, prend des attitudes de son père quand il ne répète pas mot pour mot ses propres termes. Celui-ci, un instant amusé, s'est vite irrité d'une telle attitude et supporte très mal ces imitations maladroites assimilées à des singeries. Bernard a été durement remis à sa place, tourné en ridicule et puni pour « s'occuper de choses qui ne le regardaient pas »; il nous est alors amené par sa mère qui le trouve renfermé, passif et taciturne. Elle ne comprend pas...

Ce que l'on prenait pour des simagrées capricieuses étaient en réalité des tentatives pour être reconnu comme une personne de la famille. Cette reconnaissance en tant que personne passait par l'imitation de son père, « grande personne » représentant le modèle auquel on doit parvenir. Or, le père, en refusant à Bernard cette possibilité d'accession, lui a montré que ses efforts étaient inutiles, voués à l'échec constant. C'est pourquoi Bernard a perdu confiance en lui-même : en réduisant ses efforts et ses espoirs à néant, il comprend du même coup qu'on lui ôte la possibilité de grandir. D'où son caractère actuel renfermé et triste.

Certes, on peut modifier à loisir le scénario, le dénouement et le pronostic futur. Bernard aurait pu avoir un père perfectionniste qui aurait joué le même rôle avec des variantes. Bernard aurait pu devenir agressif au lieu d'être passif, ou encore se tourner par dépit vers sa mère et l'on imagine ce qui se serait produit. Enfin, s'il avait été scolarisé, un échec scolaire, localisé ou massif signant un refus de grandir, l'aurait amené en consultation. Mais, trêve de suppositions, chacune est crédible et leurs probabilités d'apparition tiennent aux structures psychologiques de l'enfant déjà formées au cours des stades précédents, ou à la manière personnelle de réagir de l'entourage adulte.

Dans le cas de Bernard, la situation ne présente pas un caractère catastrophique dans la mesure où la réaction maternelle a été rapide. L'entretien avec les parents, et en particulier avec le père, a permis la prise de conscience de ses attitudes... et de ses défenses personnelles. Depuis, il est à même, semble-t-il, d'assumer ce rôle de modèle et d'autorité affectueuse. Quant à Bernard, ce bout de chemin œdipien manqué ne sera plus, sans doute, qu'une péripétie dans la lente construction de sa personnalité d'adulte.

2. Intolérances

Avec cet autre exemple, nous entrons de plain-pied dans le domaine de la sexualité infantile. Il mérite une attention particulière car il paraît très banal en raison de sa fréquence.

> *Jacques, six ans, deux frères, vit dans un foyer où les parents sont très pudiques (pudibonds?). Le domaine sexuel est ignoré ou nié. Bien entendu, Jacques se pose des questions: il en vient naturellement à les formuler à ses parents. Ces derniers pensent l'enfance comme l'âge de l'innocence («tu ne comprendrais pas», «ça ne te regarde pas»), de l'obéissance et du respect dû aux adultes («on ne parle pas à table», «un petit garçon bien élevé ne pose pas des questions impertinentes»); aussi ne lui répondent-ils pas, lui disant et lui faisant comprendre qu'on «ne parle pas de ces choses-là»... comme de bien d'autres, d'ailleurs.*

Caricatural, notre exemple? Certes non! C'est une situation qui se renouvelle chaque jour dans des milliers de foyers même si l'attitude concernant la sexualité paraît détendue depuis quelques années. N'y a-t-il pas souvent une petite voix en notre for intérieur qui aimerait se faire entendre ou qui s'interroge en pensant que l'enfant va un peu trop loin ou qu'il ne faudrait pas quand même «qu'il oublie qu'il parle à ses parents»?

On imagine mal qu'une attitude parentale aussi rigoriste, qui réduit le langage à sa seule dimension utilitaire, à un aspect quasi «alimentaire», ait de nombreuses répercussions. Pourtant, celle-ci fait boule de neige et entraîne de multiples réactions dans tous les domaines de la vie de l'enfant. On comprendra aisément que les communications verbales restreintes dans le milieu familial influent considérablement, en premier lieu, sur le langage de l'enfant. Non pas seulement parce que «des habitudes sont prises» mais aussi parce que notre petit garçon s'aperçoit que le langage oral n'est pas une nécessité puisque les parents s'en servent très peu pour se faire comprendre. A un âge où les modèles principaux sont constitués par les parents, fournir à l'enfant l'image de gens muets, c'est le condamner à ne pas sentir le dynamisme d'une parole indispensable pour s'exprimer en dehors du milieu familial. Cette sorte de mimétisme nocif ouvre la voie à la timidité et à l'inexpression de ses sentiments.

De même, l'enfant toujours renvoyé à des réponses qui n'en sont pas, dans le genre «tu verras bien plus tard...» voit télescopé son désir de connaissances, découragée et enrayée la belle mécanique de son énergie intellectuelle. Toute curiosité légitime entravée conduit bien souvent à son extinction. L'entourage s'étonne alors, s'il en a conscience, de ce que l'enfant ne manifeste plus aucun intérêt. En général, l'école sert de révélateur. Malheureusement, cette curiosité disparue va se doubler, en plus, d'une passivité intense qui contaminera tous les domaines de la vie, qu'elle soit affective, sociale ou politique. L'éducation forge son emprise : les enfants passifs d'aujourd'hui font les adultes de demain, incapables d'agir, qui se contentent (mais savent-ils qu'ils peuvent changer?) d'être les spectateurs de leurs propres vies.

De fait, la majeure partie des questions posées à cet

âge tourne autour des problèmes sexuels. D'où l'embarras des parents qui appréhendent de se laisser embarquer dans un au-delà qu'ils ne maîtrisent plus ou qui les renvoie à leur propre sexualité. Dans le cas de Jacques, le sexe est ravalé au rang des thèmes interdits de séjour au foyer. Amère expérience de tentatives soldées par des réponses négatives péremptoires telles: «c'est sale», «tu ne dois pas toucher», «on te dira plus tard» (comment naissent les enfants). Pseudo-réponses dont il a surtout retenu que les «choses du sexe» étaient repoussantes et dangereuses. Sans théories satisfaisantes, il va devoir se les construire lui-même en glanant ici et là des renseignements que d'autres enfants et les adultes laissent filtrer. Adaptées à ces facultés personnelles et au gré de ses découvertes, Jacques imagine ce que sont les relations intimes de ses parents. Oh certes, les théories des enfants sur les actes sexuels ne varient guère ! Ils imaginent, en général, le coït parental sur le mode de la violence et de la brutalité où l'homme agresse la femme; quant aux bébés, pourquoi ne sortiraient-ils pas du derrière de la mère ou de son nombril ?

Ces interprétations fausses sont quelquefois ravivées par les mésententes des parents représentant un choc pour les enfants qui en sont, sinon bouleversés, tout au moins fréquemment remués. Bien que tous les enfants imaginent à peu près les mêmes choses, la réalité expliquée par les parents est à même, bien souvent, de soulager ces traumatismes. Jacques, lui, ne trouve pas de «contre-propositions» à ses théories: il a donc tout loisir de les développer sans que rien ne s'y oppose. Et le fait se produit: l'union sexuelle de ses parents devient combat et le lit, champ de batailles. Nous apprendrons par la suite que la vie au foyer est souvent troublée par des disputes entre le père et la mère.

Quelques années plus tard, Jacques nous est amené à

l'âge de 12 ans en état de pré-délinquance. Son cas est suffisamment inquiétant pour que les parents demandent une consultation. L'entretien et les tests projectifs — on appelle test projectif une épreuve psychologique susceptible de révéler, à partir de ce que chacun « voit » dans des figures inhabituelles, la personnalité psychologique d'un individu — mettent en évidence l'ambiance familiale et permettent de décrire la relation complexe qui a conduit à un tel état. Jacques a vécu, à l'époque œdipienne, des scènes conçues par lui comme des bagarres parentales perpétuelles sur le mode du sadisme où le plus fort triomphe. Ces images, peu satisfaisantes, du père et de la mère ont provoqué un refus d'identification à l'un et à l'autre. Identification qui — comme on l'a vu — passe nécessairement par la décharge d'une certaine dose d'agressivité. Cette agressivité a été censurée. Non déchargée à l'époque œdipienne, elle s'est assouvie sous d'autres formes qui ont fait office de remplacement et ont pris ce caractère délinquant.

La violence et l'agressivité de Jacques sont, en partie, le résultat de ces difficultés lors de l'âge œdipien, devant le refus de se reconnaître dans un adulte dévalorisé par des conduites peu heureuses et par conséquent peu gratifiantes pour l'homme qu'il souhaite être.

L'entretien avec les parents permet, entre autres, de leur expliquer que les problèmes de Jacques ne tiennent pas seulement à l'enfant mais aussi à eux-mêmes. L'amélioration de l'état de Jacques passe nécessairement par la reconsidération des attitudes et relations parentales. Ils n'en convinrent pas. Quelque temps après, Jacques fut surpris en flagrant délit de vol et placé, après jugement, dans une institution spécialisée à caractère libéral. Il évolua favorablement et les éducateurs notent une disparition progressive de son agressivité ainsi qu'une amélioration sensible de ses résultats scolaires.

C'est donc à partir du moment où les attitudes du proche entourage de Jacques ont changé que celui-ci a « progressé ». Le cas de cet enfant montre, s'il en était besoin, l'importance des actions éducatives des parents pendant la période œdipienne. Actions éducatives qui se traduisent non seulement par les principes éducatifs affirmés par les parents, par leurs discours, mais aussi et surtout par ce qu'ils FONT et SONT.

3. Désirs absents

> Voici Véronique, 14 ans, en classe de seconde, aînée de trois enfants. Ses parents consultent car elle souffre d'un état dépressif avec une anxiété assez importante. Elle dit ne plus sortir ni travailler et rechercher la solitude qu'elle trouve dans l'intimité de sa chambre. Attitude étonnante et peu conforme chez une jeune fille de cet âge.
>
> La reconstitution de son histoire personnelle est éclairante. Véronique, arrivée trop vite, n'a pas été désirée par ses parents. Mise en nourrice les trois premières années, elle part ensuite en maison d'enfants pour quatre ans. De retour au foyer, alors qu'elle a 7 ans, elle y découvre deux petits frères qui ont été, eux, très bien accueillis. On voit se dessiner la constellation familiale : aînée non désirée et fille à laquelle les parents auraient préféré un garçon, deux frères qui usurpent plus ou moins sa place, une absence prolongée du milieu familial. Le père apparaît sévère, nerveux et peu patient. La mère faible ou agressive selon ses états d'âme. A l'entretien, la jeune fille fait part de ses déceptions pour un père qui n'a jamais semblé s'intéresser à elle sinon pour la brimer. La mère semble absente.

Nous comprenons mieux maintenant son état actuel, l'hostilité importante à l'égard du père qui n'a pas permis une accession normale à la situation œdipienne. L'attitude paternelle a gravement déçu et frustré Véronique d'autant plus que la mère ne compense pas et ne fournit aucun modèle auquel s'identifier. Les tests projectifs montrent le retrait de Véronique sur elle-même, cherchant en elle ses propres satisfactions. Ce qui lui évite, en partie, de se confronter aux images parentales. La solitude constatée correspond donc à ce repli sur soi, sans doute ravivé par l'adolescence où les interrogations sur soi-même sont particulièrement fréquentes. L'anxiété puise sa source dans la haine non avouée et non assumée qu'elle porte à ses parents qui ont laissé sans réponse ses témoignages d'affection lors de l'époque œdipienne.

Une psychothérapie de soutien a permis un réassurement de Véronique. Elle souffre, en effet, d'un manque total de confiance en elle-même. L'association des parents, grandement souhaitable, est acquise après de longues périodes de doute. A l'heure actuelle, si Véronique est toujours en traitement, son état s'améliore, lentement mais constamment.

Certes, aucun adulte n'est à l'abri d'une erreur ou d'un incident éducatif. Mais tous n'ont pas le même retentissement et l'erreur d'un moment ne fait pas l'enfant perturbé. Aussi ne s'agit-il pas de se polariser ou de s'interroger plus que de raison si l'on commet une «gaffe». Ses conséquences ont — le plus souvent — peu de chances d'être dramatiques. Et puis, ce qui semble erreur ici sera bon sens ailleurs. Il importe d'être sensible au contexte de sa propre expérience. En revanche, la répétition des impairs peut s'avérer dangereuse quand elle devient l'illustration d'un comportement quotidien et correspond à des options personnelles rigides.

De même, quoi qu'on fasse et quelles que soient les précautions prises, l'enfant est quelquefois confronté à des événements traumatisants tels que la naissance d'un cadet ou encore une intervention chirurgicale. Il convient de ne pas s'alarmer outre mesure : le climat familial est toujours plus déterminant que l'événement en lui-même. Là encore, seule l'accumulation d'épisodes malheureux peut avoir des effets néfastes.

C'est dire qu'avant de prononcer un jugement, il est nécessaire d'envisager sereinement la question et de porter son regard sur l'ensemble de la situation. Nombreuses autant que diverses, les causes de la difficulté à franchir l'étape œdipienne ne tiennent pas toujours et uniquement aux attitudes erronées des parents.

Quelques rapides exemples relatifs à la santé de l'enfant illustrent bien l'importance que peuvent revêtir des circonstances indépendantes des adultes, du moins à leur départ.

Certains enfants naissent plus fragiles que d'autres, il en est de chétifs, de prématurés, victimes d'accidents obstétricaux... Ceux-ci auront besoin de soins très attentifs de la part de leur mère pendant une période plus ou moins longue. Plus le laps de temps est important, plus l'enfant risque de rester attaché à sa mère. Lorsqu'il grandira, il vivra, s'il n'y est préparé, assez mal d'être séparé d'elle. Qui n'a vu ces enfants pleurer, trépigner quand la mère s'absente, ne serait-ce qu'un instant? Qui n'a pensé que ces caprices étaient de mauvais augure pour l'avenir? Ce sont les mêmes qui sont constamment dans les jupes de leur mère où ils trouvent la sécurité qui leur convient si bien. Sans oublier la maman habituée à un enfant fragile et qui protège, peut-être plus que nécessaire, son développement.

Ainsi une santé précaire et une protection trop constante se conjuguent pour entraîner un attachement particulier à la mère, que l'enfant aura bien du mal à surmonter lorsque le moment sera venu: l'Œdipe. S'il est resté fixé à la mère, l'accession à l'image du père peut lui être refusée inconsciemment. Envahi d'un sentiment confus de culpabilité devant ce père, il va tenter par des chemins détournés, ici «anormaux», de conquérir son estime: c'est l'appel à la sympathie, à la bienveillance du père et la recherche des moyens qui y mènent. Pour plaire par crainte de déplaire, il va prendre les attitudes qui le placeront en situation d'infériorité pour qu'il n'y ait pas installation de la rivalité œdipienne normale. Si le sentiment d'être en faute l'emporte, l'enfant va se mettre dans des situations telles qu'il ne pourra pas ne pas être puni. La punition recherchée jouant à cet instant le rôle d'«expiation», elle donne l'occasion du pardon du père qui sécurise l'enfant ... et le père.

De même, l'histoire du développement de l'enfant — ce que nous avons appelé stades — avant la situation œdipienne revêt une importance certaine: la façon dont le sevrage a été opéré, la sévérité plus ou moins grande déployée lors de l'apprentissage de la propreté, ... lui ont permis de se constituer des «images de parents» en relation étroite avec ces événements. Un sevrage trop rapide ou trop précoce, une propreté maladroitement désirée ont la faculté d'occasionner des interdits très stricts et très forts. Lors de l'Œdipe, l'agressivité jouera-t-elle librement et ses désirs d'identification ne le trouveront-ils pas désarmé? Cependant, à ce moment comme à tous les stades antérieurs la manière PERSONNELLE de l'enfant de réagir imprime ses propres conséquences. L'enfant n'est pas, simplement, ce que son environnement fait de lui. Il est et le «fruit» de leurs attitudes, discours et comportements, et ce que ses potentialités, sa «nature», induisent; tout cela en interaction constante.

UN MILIEU FAMILIAL REJETANT

François - 16 ans

Dessin de famille d'un adolescent de 16 ans dans laquelle il ne s'est pas représenté. On note successivement :
- *des troubles d'organisation de l'espace et du schéma corporel (la représentation du corps humain);*
- *un fort investissement de la zone orale;*
- *la représentation rigidifiée d'une famille grandement angoissante car perçue comme agressive à son égard;*
- *les personnages sont peu sexués.*

DEUXIEME PARTIE
AUX PRISES AVEC
LES COMPLEXES

Le complexe — mot issu donc du vocabulaire de la psychanalyse — est tombé dans le langage commun pour y obtenir un très vif succès (des différentes notions utilisées par la psychanalyse, c'est sans doute la plus populaire); mais il se trouve par là même l'objet de toutes les ambiguïtés, repris par de nombreux discours psychologiques et éducatifs qui ne parlent pas toujours — loin de là ! — des mêmes choses. Passé d'un langage technique au « savoir » populaire (« qu'est-ce qu'il est complexé, ce pauvre Robert »; « Ah, celui-là, au moins, il n'a pas de complexes ! »), il connaît des fortunes diverses mais il fait surtout le dur apprentissage de la popularité: trop fréquemment employé, il subit transformations et donc déformations, extensions et donc dénaturations. Ce « vedettariat » entrave finalement la compréhension des phénomènes psychologiques qu'il devait expliquer.

Le « complexe » ainsi entendu n'épargne, d'ailleurs, personne : ni l'ami le plus proche « complexé » par sa calvitie précoce, ni le voisin de palier « complexé » par son état de chômeur, ni la collègue de travail « complexée » par son tailleur démodé, ni peut-être le Conseil Général du département de la « Loire Inférieure » préférant la dénomination de Loire-Atlantique qui poserait mieux face aux habitants de la « Haute-Loire »... Au total, pourquoi pas cinquante et quelques millions de Français « complexés », sans compter le reste de l'humanité. De celui-là même dont on dit volontiers qu'il est « sans complexe », ne veut-on pas indiquer d'une certaine manière qu'il y a chez lui un petit quelque chose qui ne tourne pas rond et qui donnerait donc matière à « complexe » !

Pourquoi, dans ces conditions, continuer à parler des « complexes » de l'enfant ? Dire qu'il y a « complexe », c'est tout d'abord signifier qu'il y a le plus souvent difficulté, manque à être, vécu d'une situation d'échec, risque d'inhibition, de repliement sur soi, rencontre douloureuse de diverses frustrations, de conflits psychologiques : les choses ne vont pas comme, spontanément, tout un chacun s'attendrait à les observer. Evoquer une personne « complexée », c'est donc commencer par la décrire comme « bloquée » dans une position dont elle ne peut se sortir : « il en fait tout un complexe ». C'est encore signaler une culpabilisation éventuelle de cet état : « allez va, n'aie pas honte, ne sois pas complexé ».

A une époque de libération des mœurs, « avoir des complexes » passe volontiers pour n'être pas « libéré », continuer à vivre avec des « tabous », des interdits datant d'une ère bien révolue. Or les réalités psychologiques ne laissent pas percevoir qu'il en aille aussi simplement : la vie psychique ne se résout pas à un balancement entre ce pôle de l'interdit « complexant » et cet autre, positif, d'une existence totalement débarrassée du « complexe », où l'individu ferait librement ce qu'il voudrait. Au terme de la première partie de ce livre, nous avons constaté comment chaque enfant est marqué par la manière dont il a vécu ses relations à ses parents, dans le cadre de la situation œdipienne particulièrement. C'est en ce sens qu'un ouvrage sur « l'enfant et ses complexes » ne concerne pas uniquement les « complexes de l'enfant », mais vise tout autant l'adulte que nous sommes. L'enfant n'est-il pas, de ce point de vue, le « père de l'homme » ?

Les différentes manières de résoudre la crise œdipienne donnent donc autant de formes de « complexes », si l'on entend par ce dernier mot une organisation psychologique d'ensemble, constituée d'éléments pour la plupart inconscients, et qui entraîne une façon particulière et assez constante chez l'individu concerné de réagir affectivement à des situations spécifiques. Le « complexe » serait la face visible d'une sorte d'automatisme de la conduite, automatisme constitué à partir d'événements vécus comme traumatisants et enfouis (« refoulés ») dans l'inconscient. L'individu ainsi « complexé » subit ces manières de réagir, qu'il ne peut consciemment modifier quand bien même il en acquiert une conscience claire. Cette organisation plutôt rigide perturbe les relations du sujet avec son environnement, notamment par le côté systématique, raide et démesuré de cette manière de réagir (que l'on pense, en exemple, au « complexe de supériorité »).

Il faut souligner qu'il existe ainsi de multiples manières de se sentir « complexé » (ou d'être considéré comme tel par les autres!): depuis les organisations psychologiques les plus usuelles, — les plus « normales » donc —, qui nous conduisent à vivre différemment de tous nos voisins les mêmes situations (car nous « projetons » dans nos façons de voir le réel nos « complexes » inconscients), jusqu'aux situations proprement névrotiques, lorsque la structure inconsciente détermine une rigidité maladive envahissant de manière dramatique l'existence du sujet. Nous avons déjà indiqué la tendance qui s'est manifestée parmi certains psychologues à nommer chacune des manières propres de former une structure complexuelle : outre qu'une telle entreprise ne peut guère s'achever (on en trouvera toujours de nouveaux...), le risque existe de réduire l'originalité des situations individuelles à des étiquettes faciles. De plus, décrire une position d'ensemble n'est pas comprendre comment elle s'est constituée, ni comment elle continue de fonctionner.

L'étude, détaillée, de tous les « complexes », serait donc une œuvre vaine et manifestement insuffisante si elle consistait à amonceler des descriptions, à entasser, pièce après pièce, les fragments d'un puzzle dont nous ignorons et le nombre des éléments et la perspective d'ensemble selon laquelle ils s'organisent. Qu'il y ait 12 ou 234 « complexes » qui, de 7 à 77 ans, ou de 1 jour à une vie, agissent importe peu en définitive. D'autant plus qu'il est aisé d'en « inventer »...

Nous nous bornerons donc ici à invoquer les « complexes » majeurs, importants. Aussi bien ceux que tous vivent peu ou prou et auxquels la littérature a consacré nombre d'études : « complexes » « d'infériorité », de « rivalité », etc... que ceux qui, pour plus anodins qu'ils paraissent, n'en pèsent pas moins d'un poids notable sur certains êtres et qui prennent appui soit sur une particularité inidividuelle (port de lunettes, strabisme, obésité, handicap physique), soit sur un contexte relationnel particulier. Mais nous commencerons cette étude par le second complexe reconnu par la psychanalyse classique — celui de castration — et auquel, avec l'Œdipe, nous réserverons — comme nous l'avons précédemment indiqué — l'écriture et l'acception totales de *complexe*.

Chapitre 5
Au fil de l'autre...

1. Risquer la castration

Avec le complexe d'Œdipe, voici donc l'un des deux complexes fondamentaux découverts par FREUD. Comment, d'ailleurs, pourrait-il en être autrement dans la mesure où si la description du complexe de castration est relativement aisée à isoler, il n'existe que par le complexe d'Œdipe ? Ses liens sont très étroits avec ce dernier car il s'y inscrit et se trouve être alimenté par ses interdictions. Tentons d'exposer le sens de cette expression.

Le terme de « castration » prête à confusion si l'on s'en tient à la définition qu'en donne le langage courant : suppression pure et simple, par ablation, des organes génitaux masculins ou féminins avec pour conséquence la disparition des besoins sexuels. Or, nous avons déjà vu que le mot « sexuel » n'est pas exclusivement réservé au fonctionnement de l'appareil génital mais qu'il définit toutes les activités qui ont trait à l'hédonisme, c'est-à-dire qui visent à rechercher un plaisir. Dès lors, la castration, au sens psychanalytique, inclut la mutilation imaginaire mais aussi et surtout signifie la privation des expériences hédoniques, la privation des recherches de plaisir.

Réservons quelques mots à la discrimination entre deux expressions que pratiquent de nombreux auteurs. Ainsi F. DOLTO* distingue très nettement « l'angoisse de castration », phénomène conscient et naturel et « le complexe de castration », phénomène inconscient lié à la non-résolution de l'angoisse de castration. La distinction rappelle celle que nous avons pratiquée entre la situation œdipienne et le complexe d'Œdipe proprement dit. Nous verrons donc comment on peut passer de l'un à l'autre à partir de la diversité psychologique des enfants et des attitudes des parents. Pour l'instant, disons que « l'angoisse de castration » revêt un sens surtout symbolique. Il s'agit de la peur pour l'enfant de ne pas être comme ses parents, de ne pas se sentir comme eux et de perdre leur amour.

> *Michel, 5 ans, et Pascale, 4 ans, jouent ensemble dans la chambre depuis une vingtaine de minutes. Leurs parents, inquiets de ce silence inhabituel, se rendent dans la pièce et restent interloqués, muets de surprise et d'indignation... Les enfants, à même le sol, contemplent, manipulent et comparent avec intérêt leurs organes sexuels respectifs. Variante des fameuses scènes enfantines où l'on joue « au papa et à la maman » ou « au médecin et au malade ». Ces séances traduisent à la fois les préoccupations sexuelles infantiles et la découverte de la différence anatomique des sexes, c'est-à-dire le constat que garçon et fille sont différents, l'un possède un organe génital externe — le pénis —, l'autre découvre l'absence de membre viril.*

L'arrivée intempestive des parents a suspendu, pour l'instant, leur découverte et leurs explorations. Il n'empêche que cette intervention ne modifie en rien leurs pensées qui se déroulent sur un mode commun à tous les petits garçons et petites filles de cet âge. L'expérience qu'ils viennent de faire va les amener à des périodes d'interrogations, de doutes et de certitudes: le petit garçon se trouve chanceux d'être possesseur d'un tel organe et il s'agit de ne pas le perdre; la petite fille, elle, regrette ce « manque », va en chercher l'origine. On voit que la constatation de la différence physique des sexes par le petit enfant entraîne des réactions spécifiques.

C'est le premier « ingrédient » nécessaire pour qu'il y ait angoisse de castration. Le second, c'est la menace de castration formulée ouvertement ou non par l'entourage. FREUD rapporte l'exemple suivant: « à l'âge de 3 ans 1/2, le petit Hans est surpris par sa mère la main au pénis. Celle-ci menace: 'si tu fais ça, je ferai venir le docteur A... qui te coupera ton fait pipi' ».

Dans ce cortège d'élaborations diverses de l'enfant, les attitudes et les sentiments des deux sexes sont très différents. C'est pourquoi nous les passerons en revue séparément en situant dès à présent l'angoisse de castration par rapport au complexe d'Œdipe selon les propres écrits de FREUD: «... Tandis que le complexe d'Œdipe du garçon sombre sous l'effet du complexe de castration, celui de la fille est rendu possible et est introduit par le complexe de castration». DONC, LE COMPLEXE DE CASTRATION CHEZ LE GARÇON SE SITUE A LA FIN, IL EST LE DERNIER EPISODE DE LA PERIODE ŒDIPIENNE: AU CONTRAIRE, CHEZ LA FILLE, LE COMPLEXE DE CASTRATION OUVRE LA POSSIBILITE DE LA SITUATION ŒDIPIENNE.

2. Du garçon

La théorie freudienne considère que le garçon se croit « favorisé par la nature » lorsqu'il découvre qu'il est muni d'un organe qui « manque » aux filles. Certes, cette découverte ne s'est pas accomplie en un jour; elle a été préparée par de multiples observations sur l'entourage animal et humain. Ainsi le garçon a-t-il pu remarquer les différences d'attitudes que les adultes adoptent vis-à-vis des exigences d'habillement ou parfois de relations avec les parents, selon que l'on est fille ou garçon et que l'on vit dans certains milieux sociaux ou éducatifs. De même, il a constaté que la manière d'uriner était différente («dis, maman, pourquoi les papas font pipi debout et les mamans assises?»). Il a enregistré ces comportements variables et noté les réactions de son entourage selon le sexe des enfants en plusieurs occasions de la vie sociale. Enfin, il note que son père n'intervient pas dans la vie familiale avec les mêmes rôles que sa mère et il commence à cerner les attributions respectives de l'un et de l'autre (différentes, au demeurant, en fonction de chaque couple).

Tout cela s'est constitué peu à peu et lui a permis de comprendre l'existence de deux sexes séparés : cette reconnaissance devient spectaculaire pour lui en se concrétisant dans le constat qu'il a un pénis et que la fille n'en a pas. Dès lors, l'organe prend une valeur symbolique — bien que non consciente — remarquable qui rassure le garçon et désole la fille. La séparation des sentiments devient radicale entre garçon et fille : le garçon va voir dans la présence de ce pénis un signe grandiose de satisfaction qui le rassure sur lui-même. Organe d'autant plus précieux qu'il n'est pas attribué à tout le monde : la meilleure preuve est bien que la fille en est dépossédée. Il s'agit donc de ne pas le perdre car il a devant lui la preuve évidente de la possibilité même de cette «perte». Pour l'instant, il possède donc «quelque chose» de plus, et sa fierté n'est pas mince !

D'autant que le pénis lui apportait auparavant un certain nombre de satisfactions sexuelles découvertes à travers la masturbation. Le voilà comblé et il franchit rapidement le pas qui, dans son esprit, englobe toutes les manifestations de supériorité supposées attribuées, à tort ou à raison, au sexe masculin et dans lesquelles l'entourage sociologique joue bien évidemment un grand rôle. Mais il est aussi des triomphes qui sont le signe d'un manque d'assurance... En règle générale pourtant, ces manifestations vont s'extérioriser dans des jeux « physiques », prétendus symboles de virilité. Pensons à ces enfants de 6 ou 7 ans continuellement en mouvement jouant aux cow-boys, à la guerre ou à des activités sportives et violentes; mais sachant aussi, à d'autres moments, être très tendres et enjôleurs avec leur mère. C'est que le garçon n'a pas abandonné tout espoir de séduction vis-à-vis d'elle.

Cependant, toute médaille a son revers. Le pénis est bien visible et, de ce fait aussi, vulnérable. Vulnérable car absent chez d'autres mais aussi et surtout parce que sa manipulation généreuse par l'enfant entraîne le désaccord des parents et des adultes. Si la menace de castration est de plus en plus rarement formulée sous sa forme radicale : « on va te couper le zizi », elle reste présente à travers des remarques plus ou moins atténuées concernant la main : « on va te couper la main » et symboliques ou non : « tu vas être malade », « ça ne se fait pas », « ça suffit », ... Et le garçon perçoit très bien la formulation de la menace à mots couverts d'autant que l'interdiction de la masturbation ne crée pas l'angoisse de castration mais sensibilise seulement l'enfant à cette idée.

Cela pour rappeler que les nécessaires réprobations adultes ne sont pas tellement traumatisantes pour lui et que l'absence de réprimande ne change rien à l'affaire: le garçon aurait une sorte de connaissance intuitive et non consciente de cette possibible castration. Les événements de la vie familiale peuvent d'ailleurs renforcer ou « matérialiser » cette situation car c'est l'époque privilégiée où les dents de lait tombent, où les amygdales sont ôtées, où l'appendice est enlevé, ... Tous éléments également détachables du corps...

Faut-il souligner — au passage — que la masturbation chez le garçon — comme chez la fille — n'est ni anormale, ni nuisible ? mais qu'il y renoncera sous la pression de cette menace à peine voilée de la part de l'entourage tout en découvrant en même temps, devant un père de taille à vivre ses oppositions, que la mère est définitivement vouée à l'affection aimante de son conjoint. Ainsi donc le rôle du père par rapport à la mère est clarifié : le garçon peut alors transférer ses sentiments relatifs à cette dernière sur des garçons plus âgés et surtout sur la personne réelle du père : « mon papa, c'est le plus fort ! ». Les psychologues disent qu'il s'identifie ainsi à son père et devient, à ce moment-là, disponible pour des acquisitions intellectuelles en milieu scolaire puisqu'il est maintenant partiellement débarrassé d'un ensemble de sentiments vifs et contradictoires qui mobilisaient ses préoccupations, ses espoirs et ses craintes.

Il s'ensuit une période psychologiquement plus calme et intellectuellement plus fructueuse où le garçon est partagé de façon plus harmonieuse entre une admiration prévenante pour son père et une tendresse attentionnée pour sa mère. Les parents connaissent ces époques, en fait bien agréables, des séquelles du conflit œdipien...

3. De la fille

A travers les constantes occasions de la vie quotidienne, la petite fille se découvre différente du petit garçon en ce sens qu'elle ne possède pas de pénis et qu'elle n'est donc pas faite comme les garçons. Décontenancée et déconcertée par cette constatation : « pourquoi j'ai pas de zizi ? », la fillette passe par divers sentiments où tour à tour elle niera la découverte : « hein que j'ai un zizi, maman?», puis elle espérera: «il va pousser?» et enfin devant une réalité qui ne peut plus être combattue, elle pensera qu'il lui a été coupé en raison de «fautes» qu'elle aurait pu commettre antérieurement. Désolée de cet état de fait, elle en conçoit de l'hostilité envers sa mère, elle-même vécue comme «castrée», instigatrice de cette absence ou coupable de ne lui en avoir point donné. C'est le moment où elle devient plus opposante à sa mère, où les «caprices» se font plus fréquents, où les paroles assassines expriment la déception: «j'aime mieux papa que toi».

Attitudes qui montrent à l'évidence le détachement vis-à-vis de la mère en train de s'opérer au bénéfice d'un rapprochement avec le père. Evolution qui amène à l'entrée de la petite fille dans la situation œdipienne comme nous le soulignions précédemment. Dès lors, l'issue la plus courante — mais les variantes sont multiples — montre une fillette pour qui le père représente tout ce qu'elle n'a pas et tout ce que la mère n'a pu lui donner. Autrement dit, elle devient amoureuse de lui car elle attend de celui-ci qu'il vienne compenser l'absence de pénis en lui donnant un enfant. La situation œdipienne s'épuisera de ce fait dans un renoncement lent et graduel d'un espoir si vain. Faut-il rappeler qu'il s'agit ici de fantasmes — c'est-à-dire de produits de l'imagination, du monde intérieur de l'enfant — et non d'une réalité vécue par l'enfant et dont il aurait une conscience plus ou moins nette. Généralement, seules les personnes en psychanalyse peuvent retrouver ces scénarios personnels ainsi que certains adolescents particulièrement lucides chez qui ces sentiments parviennent à affleurer quasiment à la conscience.

Pour le reste de son évolution, elle aussi connaîtra des périodes semblables au garçon où le père sera entouré de sa bienveillance affectueuse et la mère d'une sollicitude attentive la laissant en mesure de progresser dans les apprentissages scolaires et culturels. Ce n'est qu'à l'adolescence que les oppositions réapparaîtront. Mais c'est une autre histoire...

Toujours est-il que cette conception de la sexualité de la fille peut accréditer l'idée que celle-ci serait un garçon châtré, un garçon « manqué » comme on l'entend dire quelquefois. « Nue, plate et fendue » comme ces poupées asexuées en vente dans les magasins et ne ressemblant à personne car elle n'a ni le pénis de son père, ni les formes achevées de sa mère.

De fait, c'est certainement un moment crucial où il faut faire appel aux paroles de la mère-éducatrice face à la déconvenue — si déconvenue il y a — de la découverte de la différence des sexes. Trouver des paroles simples pour nommer et reconnaître le clitoris et ne pas le faire disparaître sans autre façon derrière un vagin, ce qui serait refuser la sexualité actuelle de la fillette. C'est-à-dire différer le présent au profit d'un avenir incertain, préférer un paraître en lieu et place d'un être... Nous avons à l'esprit une petite fille candide de 5 ans qui pendant un repas familial évoqua ce problème : « maman, hein, que j'ai un clitoris ? ». Un silence de plomb s'abattit sur l'assemblée et cette fillette n'eut pas sa réponse...

Il est indispensable que l'on explicite à l'enfant la réalité et la vérité de son anatomie et celle de l'autre sexe en relatant également pour la fille — sa conformation ultérieure qui se concrétisera par la naissance des seins et la possibilité — si elle le désire — d'avoir des enfants.

Alors, « favorisé par la nature » le garçon ? non, répondent des psychanalystes, car celui-ci serait tout aussi décontenancé que la petite fille devant la maternité impossible, les seins qui ne « pousseront » jamais. Ces psychanalystes en veulent pour preuve les jeux sexuels entre enfants où chacun cherche à découvrir ce que l'autre possède; ils écoutent les poètes: « Et son ventre et ses seins, ces grappes de ma vigne » proclame BAUDELAIRE; ils entendent leurs patients: « je lui ai dit ce week-end que je désirais pouvoir être enceinte comme une femme »; enfin, ils vont au cinéma voir « L'événement le plus important depuis que l'homme a marché sur la lune » où l'acteur M. MASTROIANNI joue le rôle d'un homme enceint. Il faut d'ailleurs se souvenir que, à 5 ans, c'est l'âge où les enfants — garçons et filles — jouent fréquemment à mettre un coussin sous un pull-over. Ils miment la grossesse.

Finalement, cette envie ne serait pas spécifiquement féminine. Chaque sexe convoite ce qui ne lui appartient pas en propre: sein, utérus ou vagin pour l'un et pénis pour l'autre. Construire son identité sexuelle suppose donc de renoncer à pouvoir faire seul ce que les parents font à deux, et être à soi seul les deux personnes du couple parental. Pourtant, au-delà des polémiques animées par les « féministes » et les « phallocrates », il faut bien poser la question de la signification de ces sentiments pour la constitution de la personnalité humaine. Sont-ils autant participants à l'édification de la personne que l'est l'angoisse de castration? là reste l'interrogation...

4. Moins qu'un autre

FREUD a attaché son nom et une partie essentielle de son travail de psychanalyste au complexe d'Œdipe, pour en constituer même la structure fondamentale autour de laquelle s'élaboreront les manifestations plus ou moins « positives » — c'est-à-dire, pour parler comme tout un chacun, plus ou moins « normales » — de la personnalité. C'est à l'un des premiers disciples, mais rapidement dissident et rival — Alfred ADLER — que nous devons la description la plus systématique du « complexe » d'infériorité.

ADLER s'opposait à FREUD sur le problème de l'importance à accorder à la sexualité infantile : lui semblait plus significatif de la mentalité de l'enfant ce sentiment « d'être petit » qui marque profondément les expériences et le vécu du jeune humain confronté en permanence à l'inégalité des forces et des savoirs dans les rapports interpersonnels de l'adulte et de l'enfant, quand ne s'y rajoutent pas des insuffisances organiques ou sensorielles (ce que l'on a coutume d'appeler les « défauts physiques ») ou des erreurs éducatives (l'enfant rejeté ou enfermé dans des relations de dépendance par exemple).

Dans la conception adlérienne, ce n'est donc plus l'Œdipe qui est premier et fondateur de l'ensemble des « complexes », c'est le sentiment d'infériorité, à partir duquel l'essentiel va s'ordonner. Car le jeune individu n'est pas définitivement enfermé dans ce sentiment initial ; il peut tout d'abord chercher à *compenser*. Selon le résultat de cette première série de tentatives, il pourra devenir un être exceptionnel, voire un génie — on cite souvent le cas de DÉMOSTHÈNE : souffrant d'un bégaiement accentué, ce dernier s'exerça longuement à parler face à la mer, pour couvrir le bruit des vagues, et un galet dans la bouche, pour l'obliger à bien articuler ; on sait que DÉMOSTHÈNE est tenu pour l'un des plus brillants orateurs de l'Antiquité — ou il s'enfoncera dans des difficultés toujours plus marquées, jusque peut-être la maladie mentale. Entre ces pôles opposés, ADLER estime que tous les stades intermédiaires peuvent s'observer.

Même si l'on ne suit pas entièrement la position adlérienne consistant à situer ce « complexe » d'infériorité comme le prototype des autres « complexes » — et FREUD signalait à ce propos le caractère partiel et réducteur de telles analyses — n'est-il pas de l'expérience courante que ce « complexe » sévit assez largement autour de nous et qu'il affecte nombre de relations sociales ? S'il trouve son origine dans l'enfance, dans ce sentiment « d'être petit » sur lequel s'appuie ADLER, ne risque-t-il pas d'être développé par des comportements de notre part, parents, éducateurs ou voisins lorsque, par exemple, nous dévalorisons plus ou moins systématiquement ce qui est accompli par les plus jeunes. Des expressions et situations où il est question que les « petits » s'écartent, se taisent, ... nous en retrouvons aisément dans notre expérience.

Et dans la vie familiale, comment qualifier cette attitude d'un frère cadet vivant dans l'ombre d'un aîné brillant et ne parvenant pas à être lui-même ailleurs que dans cette confrontation permanente, mais fréquemment vouée à l'échec, pour se mesurer à ce rival prestigieux. Lorsqu'il s'aperçoit de l'inanité de ses efforts, il peut adopter un comportement agressif, comme pour se faire remarquer tout de même par quelque chose aussi d'exceptionnel. Si ses parents ne parviennent pas « à lire » derrière ce dernier comportement le sens réel de l'appel à être « reconnu » comme quelqu'un d'original, vers quelles solutions va-t-il peu à peu s'orienter ? Pour certains, ce sera l'entrée dans des attitudes dépressives, pour d'autres ce pourra être la recherche plus ou moins réussie d'activités de compensation, ou de surcompensation s'il s'attache, par exemple, dans son existence, à l'éducation d'enfants « abandonnés » : il adopte, dans cette dernière éventualité, le comportement inverse de celui qui fut le sien au départ, mais l'origine de cette dernière attitude n'est-elle pas, toutefois, dans l'infériorité initiale ?

L'infériorité est un sentiment que peut ressentir l'enfant qui ne parvient pas à « faire aussi bien » que ses camarades ou que ce à quoi il aspire, cet idéal de lui-même qu'il s'est formé. Ce sentiment se retrouve dans la constitution, ou comme résultat, en réaction pourrait-on dire, à de nombreux « complexes ». On sait que le philosophe Jean-Paul SARTRE a montré comment nous nous sentons « jugés » par le regard des autres et quelle « mauvaise conscience » en résulte; il y a cependant dans la dépréciation de soi, la sous-estimation chronique de ses possibilités, dans le sentiment que toute tentative de notre part ne peut conduire qu'à l'échec, une autre dimension que celle décrite par le philosophe, et qui dépasse le cadre des réactions habituelles de défense face au jugement éventuel d'autrui. On comprend bien qu'alors certains puissent parler d'un « complexe » d'infériorité.

5. Mon frère, ma sœur, mon ennemi

Dans la cellule familiale initiale, l'enfant premier né noue avec ses parents des sentiments, sur la nature et l'intensité desquels nous avons déjà insisté et qui tendent à s'organiser dans des échanges assez privilégiés et exclusifs. Or l'arrivée d'un nouvel enfant bouleverse les situations acquises et rompt les équilibres instaurés. L'aîné va vivre douloureusement cette intrusion d'un rival qui risque de lui ravir l'attention privilégiée des parents (que l'on s'imagine, comparativement, ce que vivrait une femme à qui son mari imposerait une rivale à domicile ou réciproquement...).

La jalousie qu'éprouve alors l'aîné traduit bien la « légitimité » — la « normalité » — d'une réaction face à la peur d'une perte d'amour, ce changement qu'il imagine dans les relations affectives de ses parents à son égard : cette jalousie n'est-elle donc pas en quelque sorte « naturelle » ? On admire son petit frère; que doit-il faire, lui, pour être aussi admiré : redevenir petit ou essayer de grandir ? Il n'est donc pas « méchant » en étant ainsi jaloux, il souffre, simplement.

La rivalité fraternelle tire son origine de ces premiers moments où l'enfant sent qu'il peut être dépossédé de l'affection parentale ou de son exclusivité, qu'un rival peut lui être préféré qui requerra des soins importants — en temps et en disponibilité — de la part des parents. On pourra alors l'observer adoptant certaines conduites «régressives» (il se remet à sucer le pouce, joue avec le biberon, se réfugie sur les genoux de sa mère pour se faire câliner...) qui indiquent bien sa nostalgie de l'état antérieur où il était seul à bénéficier de ces marques d'intérêt.

L'agressivité qui naît de ce sentiment de frustration se dirige alors contre le nouveau-né («dis, où tu l'as trouvé, celui-là? On peut pas le renvoyer là-bas?»; en plus détourné: «il en dit des bêtises, ce bébé!»), mais aussi contre les parents dans la mesure où l'enfant leur en veut de l'abandonner ainsi pour un autre. Les parents doivent alors expliquer à leur aîné que cet enfant est petit, comme lui aussi l'a été et que chacun d'eux, à sa manière et selon son âge, est aimé des parents.

Cette première expérience sert en quelque sorte de «modèle de comportement» pour l'enfant: il aura ensuite tendance à régler des situations où se rejoueront des positions de rivalité et de préférence possible de la même manière qu'il a réagi face à cet événement de rivalité fraternelle.

Ainsi François, lorsqu'il entre à l'école maternelle, «hérite» d'un petit frère qui prend sa place à la maison. Il se sent menacé dans sa relation privilégiée avec sa mère (souvenons-nous de ce qui a été dit précédemment), mais ne veut pas abdiquer sans lutter. En classe, il recherche l'attention de ses petits camarades et de sa maîtresse. D'un naturel plutôt nonchalant et effacé, le voici qui se conduit en véritable leader des groupes de jeux et qui prend souvent la parole dans la classe. En fait, il s'agit pour lui de conserver quelque part «la première place», comme aussi de pouvoir déprécier la «petitesse» et le côté

« bébé » de son petit frère. Lui est « grand », d'ailleurs la maîtresse l'a dit!

Il suffit d'écouter les confidences d'adultes ayant ainsi vécu une situation de rivalité fraternelle pour mesurer avec quelle intensité affective elle fut — et continue parfois d'être — vécue. Le sentiment d'avoir eu un frère ou une sœur préférés par l'un ou l'autre parent a pu lourdement peser sur toute une existence, caché toutefois qu'il a pu être par la chape de plomb des conventions sociales ou de l'éducation morale interdisant la jalousie. L'observation de telles conduites peut fréquemment être relevée directement.

Mais il existe aussi, et à partir de la même situation initiale, des traces plus voilées, mais tout aussi significatives d'un tel « complexe ». Le cas des « compensations » possibles a déjà été évoqué : citons seulement l'exemple d'Antoine qui, pour ravir en quelque sorte la vedette à Emilie, sa sœur cadette, excellente musicienne et à la personnalité très artiste, s'est efforcé, et y est parvenu, de réussir une carrière financière assez remarquable. Il « gagne de l'argent », est considéré comme un notable dans sa ville. Mais au fond de lui-même, il sent confusément que cette vie ne correspond pas pleinement à ses aspirations. « Ecrasé » par le talent de sa sœur, il n'a pu « réussir » là où le portaient ses intérêts, il a donc voulu « conquérir » ailleurs. Le nœud de son comportement est à retrouver dans cette relation de rivalité aujourd'hui « oubliée ».

Chapitre 6
Des différences aux différends

Parmi les enfants qui sont amenés à la consultation psychologique pour cause de « complexes », l'on rencontre des cas très différents, depuis cet enfant quelque peu inquiet de ses taches de rousseur jusqu'à celui-là victime d'un véritable handicap physique, d'une infirmité qui le contraint à des activités limitées dans certains domaines et définit pour lui un avenir personnel et professionnel particulier.

1. L'enfant qui porte des lunettes

De nombreux parents s'inquiètent de la réelle nécessité pour leurs enfants de porter des lunettes. Soit ils s'interrogent afin de savoir si leur enfant les supportera, soit ils ont déjà noté chez lui des conduites « bizarres » : il refuse par avance de les porter, les casse souvent, ou dessine des personnages aux yeux immenses ou même parfois qui n'ont que des yeux.

Or si l'enfant a besoin de lunettes, il ne faut pas hésiter : il doit les porter. L'avis médical indiquera la fréquence et la durée du port dans certains cas. Reste après cela à faire accepter par l'enfant cette situation. De nos jours le préjudice esthétique devrait être minime : les fabricants et les opticiens proposent un tel choix de montures adaptées à toutes les formes de visage que le rejet des lunettes, le plus souvent, obéit à d'autres motifs. Ne serait-ce, par exemple, qu'à la manière dont cela est présenté à l'enfant : si les parents l'envisagent comme une véritable catastrophe, il est bien certain que leur enfant éprouvera un sentiment analogue. Par contre, expliquée à l'enfant dans un langage qui convient à son âge, cette expérience pourra être dédramatisée et l'enfant découvrira une manière à lui de s'y adapter : ainsi Sophie porte des lunettes depuis sa deuxième année, elle est la seule de sa famille à en posséder et de ce fait se prend très au sérieux : le port des lunettes lui permet d'inscrire sa propre originalité.

Par ailleurs, il est vrai qu'avoir des lunettes sur le bout du nez entraîne des situations inconfortables pour l'enfant, soit que ses camarades le traitent de « crapaud à lunettes », soit qu'il ne puisse pratiquer le sport auquel il aspire en raison des craintes de blessure ou beaucoup plus fréquemment parce qu'il a peur des réactions des parents s'il venait à les casser. Les lunettes coûtent cher et leur remboursement par la Sécurité Sociale reste chiche... Quelquefois, les motifs à ne pas jouer avec les autres au football et au rugby vont se nicher, pour l'esprit de l'enfant, dans des recoins auxquels on ne pense pas.

> *Ainsi Renaud, à 10 ans, ne participe à aucune activité physique, ses parents s'en inquiètent beaucoup et demandent une consultation. Un bref entretien avec lui montre tout simplement qu'il craint de casser ses lunettes et de se trouver plusieurs jours — le temps de la remise en état — sans verres correctifs. Situation qu'il vivrait très mal car alors il serait incapable de lire, d'écrire et de se déplacer sans gros inconvénients. Ici, notre seule intervention « psychothérapique » a*

consisté à conseiller aux parents de lui procurer une seconde paire de lunettes. Depuis, Renaud s'est inscrit dans un club de football, fait les « beaux jours » de son équipe et n'a plus rien de commun avec le petit garçon timide et timoré dont on nous avait tracé le portrait.

2. Celui qui louche

Examinons le cas de l'enfant qui louche, une affection aisément reconnaissable car les globes des yeux ne sont pas parallèles, lors du regard à distance ou en vision de près. En dehors de son élément inesthétique, il faut savoir que la vision de l'œil strabique est, bien souvent, déficitaire et qu'il y a, en outre, mauvais développement de la vision binoculaire (par les deux yeux). C'est dire que non seulement les incidences psychologiques sont certaines comme nous le verrons, mais que l'acuité visuelle est également atteinte. Le strabisme demande donc à être traité le plus précocement possible.

De nos jours, et selon sa nature déterminée par l'ophtalmologiste, la guérison de ce handicap est acquise dans de nombreux cas. Le traitement consiste en des rééducations appropriées suivies si nécessaire d'une intervention chirurgicale. Les thérapeutiques actuelles et leurs résultats souvent positifs doivent être connus. Nombre de parents, par méconnaissance ou certaines formes de négligence, laissent s'installer des troubles de la vue qui donneront naissance à des difficultés psychologiques.

Sans risque d'erreur, on peut avancer que l'enfant strabique souffre d'un sentiment d'infériorité du fait de son handicap. Ce sentiment peut naître de l'entourage qui, trop fréquemment, ne se fait pas faute de remarquer et d'insister sur cette disgrâce, que cela soit ou non dit explicitement. Certes, le monde est ainsi fait que l'on ne peut pas ne pas noter cette différence ou cette « anormalité». Notations variées allant de la pitié à la moquerie sans être jamais indifférence. Quant à l'enfant, il aperçoit et redoute ce changement de contact à son égard, aussi peu perceptible soit-il.

Au reste, ses camarades de jeux et de classe ont des mots cruels comme en ont parfois les enfants, qui le transforment en objet de risée générale, voire en souffre-douleur. Dès lors l'enfant handicapé s'isole, se décourage, se replie sur lui-même et vit dans un autre univers. En un mot, il perd confiance en lui et s'installe dans un système de relations sociales toujours dépressives et toujours dévalorisées. A moins que, à l'inverse, il ne devienne hargneux et agressif, un « sale bigleux » méchant et dangereux qui fait filer droit tous ceux qui le regardent de travers. Conduite différente mais drame identique.

Ainsi, comme pour beaucoup de détails physiques jugés inesthétiques, l'infériorité qui avait comme point de départ un « défaut » somme toute mineur, se généralise à l'ensemble de la personnalité. Elle emprisonne l'enfant dans des attitudes dont on a le sentiment qu'elles n'existent que pour confirmer l'infériorité.

Pour l'instant, nous avons décrit un strabisme qui serait la cause de troubles psychologiques, troubles qui s'installeraient donc après l'existence de la loucherie. Or l'expérience quotidienne montre qu'il existe des strabismes qui sont la conséquence de traumatismes affectifs réels ou supposés.

On a souvent du mal à imaginer que des difficultés psychologiques se traduisent par des symptômes corporels, or c'est maintenant une réalité bien connue de la psychologie que ces phénomènes de PSYCHOSOMATISME; les exemples des ulcères digestifs, de l'asthme illustrent ces interactions entre le psychisme et le corps. Les circonstances de la naissance d'un tel strabisme sont multiples, elles ont en commun de s'effectuer sur un équilibre affectif fragile : nous avons rencontré des enfants devenus strabiques à la suite d'une mort brutale dans leur famille, de la naissance d'un cadet, d'une maladie infantile vécue comme dangereuse ou encore — et plus fréquemment qu'on ne le croit — des enfants gauchers fortement contrariés par une éducation scolaire ou parentale très rigide.

Dans le même ordre d'idée, le strabisme n'est pas toujours une affection isolée et il faudra quelquefois rechercher du côté d'une latéralisation (un côté du corps dominant) insatisfaisante chez l'enfant pour qui les dominantes graphiques (de la main qui dessine) et oculaire ne coïncident pas (il écrit par exemple avec la main droite et fixe avec l'œil gauche). Dans certains cas, cette latéralisation déficiente sera tout d'abord corrigée pour obtenir une totale guérison. Chez tel autre enfant, le strabisme sera le résultat d'une tension émotionnelle trop grande liée à de mauvais résultats scolaires ou à des relations familiales difficiles. Mais seul le psychologue sera à même de déterminer la nature du trouble associé au strabisme et donc de reconnaître les difficultés d'ordre psycho-affectif qui entourent cette déficience visuelle.

Quelle attitude adopter face au strabisme de l'enfant? La première démarche est de consulter un médecin spécialiste de la vision qui déterminera avec les parents le moment de l'apparition de ce trouble et pourra ainsi reconnaître une origine d'ordre ophtalmologique, neurologique ou psychologique. Selon que le strabisme apparaît avant ou après la première année de l'enfant, il est considéré comme congénital ou acquis, c'est-à-dire que la date d'apparition donne d'utiles renseignements sur la nature de l'affection en question. De même en ce qui concerne son intermittence (certains enfants louchent lorsqu'ils sont sujets à une forte fatigue passagère) ou sa permanence.

Ce sera ensuite aux parents d'agir, d'expliquer à l'enfant le traitement prévu, d'en parler avec lui, de comprendre et d'accepter que lui ne puisse tout comprendre; le cas échéant, il leur faudra collaborer étroitement avec les spécialistes qui pourraient être amenés à intervenir et, toujours, «accompagner» l'enfant de leur affection. Il n'y a pas lieu, aujourd'hui, d'être trop inquiets car le traitement des petits strabiques a réalisé d'immenses progrès.

3. Les déformations de la colonne vertébrale

Les déformations de la colonne vertébrale constituent une part importante de l'inquiétude parentale et donc des répercussions possibles de leur attitude sur leur progéniture. Qu'il s'agisse de cyphose (dos rond), de scoliose (déviation latérale), ou de lordose (accentuation de la courbure des reins), ces affections sont courantes durant la période prépubertaire. Attribuées à des conditions matérielles défectueuses (bureau trop bas, station assise trop longue, carences alimentaires) ou aux «mauvaises attitudes» de l'enfant («laisser-aller», «paresse»), elles sont souvent soignées en raison tout d'abord de leur aspect inesthétique jugé choquant par l'entourage. Si la plupart de ces déformations se corrigent assez aisément, il y a toutefois lieu de ne pas les laisser s'installer.

Lorsqu'elles existent, l'enfant se sent fréquemment atteint dans son intégrité physique. Prenant conscience de son handicap, il en vient parfois à vivre en quelque sorte «au ralenti»: mais c'est alors un «faux calme» qui réprime son agressivité. Cette attitude est faite de fuite et de contournement devant les obstacles; elle a pour fonction de ne pas se confronter à l'adversité et, par là, à un éventuel rappel de son handicap. Cela se traduit par une difficulté à établir des relations et le sentiment d'être le « bouc émissaire » de ses compagnons; on entend quelquefois alors la réflexion: « c'est toujours moi qu'on accuse, mais cela ne fait rien, j'ai l'habitude ». Attitude désabusée qui se révèle en fait être un moyen pour refuser le contact réel avec le milieu environnant.

Les enfants aménagent la réalité de telle manière que celle-ci ne soit pas trop frustrante et qu'ils y conservent une certaine emprise, un certain contrôle. Il reste, malgré tout, la question de savoir pourquoi tel ou tel enfant « choisit » son corps comme mode d'expression, c'est-à-dire pourquoi ce type de handicap est utilisé, quelles frustrations vécues peuvent en être la cause lorsque toutes les « explications » non psychologiques ont été rejetées comme insuffisantes. Il faut d'ailleurs remarquer que cette affection se constate plus fréquemment chez le garçon que chez la fille. Faut-il voir dans cette prédisposition masculine un fait de culture ? En tout état de cause, le milieu familial doit permettre à l'enfant de s'accepter tel qu'il est en nouant avec lui des relations suffisamment positives pour qu'il puisse trouver ou retrouver une certaine confiance en lui-même.

4. Les enfants qui bégaient

Le bégaiement est un trouble de la communication verbale qui affecte le rythme de la parole sans qu'il y ait anomalie des organes de la *phonation* — tout ce qui permet de produire la voix — (ni au point de vue physiologique, ni au point de vue moteur). Cette affection porte avant tout sur la capacité à évoquer mentalement les mots: le bègue a trop de mots, d'images à sa disposition en même temps, il en est comme encombré.

Traditionnellement, les spécialistes du langage distinguent la répétition saccadée d'un mot ou d'une syllabe (bégaiement clonique) des blocages qui interdisent l'émission verbale (bégaiement tonique). Dans la réalité, les deux types de comportements sont toujours associés avec quelquefois prédominance de l'un sur l'autre. Mais chaque bègue a son type propre de bégayage qui varie selon les moments, d'autant qu'un sujet atteint de ce trouble ne bégaie pas toujours, même dans les cas graves. Nous connaissons tous de ces enfants bègues qui chantent à l'unisson avec leurs camarades ou qui peuvent lire à haute voix un texte.

Les conditions d'apparition du bégaiement sont à rechercher dans trois directions qui peuvent se cumuler ou exister indépendamment les unes des autres :

- Un facteur héréditaire : les statistiques montrent en effet, que le risque de bégayer n'est pas le même pour tous et qu'il existe des prédispositions individuelles propres à certaines lignées familiales. Cela ne veut pas dire qu'un bègue engendrera fatalement un bègue mais qu'une famille fragile sur le plan de la latéralité, du contrôle moteur, du langage peut constituer un terrain de prédilection pour une éventuelle descendance de bègues. Il n'y a pas pour autant de gène du bégaiement...

- Un facteur de langage : il est fréquent qu'un petit bègue ait eu un retard de langage et que l'on trouve dans son histoire ce déficit de la parole sans pour autant que l'on puisse en faire une règle générale. Cependant, il suffit d'imaginer un enfant de trois ou quatre ans qui ne peut s'exprimer comme il l'entend pour reconnaître qu'un bégaiement peut, à ce moment-là, facilement s'installer. Nous connaissons tous de ces petits qui rentrent dans des colères folles ou des « caprices » violents pour la bonne et simple raison qu'ils ont tant de choses à dire mais qu'il leur manque « les mots pour le dire » ! A trois ans, ces frustrations et ce désarroi sont tels que le bégaiement peut en être la conséquence ; de même évoquons certaines obligations scolaires ou familiales d'un parler trop épuré à un âge où l'enfant n'en dispose évidemment point. Entre trois et cinq ans, le bégaiement est un phénomène assez courant, mais transitoire. Il s'installe en trouble durable dans un tiers des cas.

- Des facteurs psychologiques : aujourd'hui, de nombreux spécialistes, américains particulièrement, attribuent un rôle prépondérant à la famille dans l'apparition du bégaiement. Ils appuient leur thèse sur le constat qu'ils retrouvent parmi leurs patients beaucoup de bègues pour lesquels le milieu familial a été contraignant et même perfectionniste sur le plan de l'activité du langage. Ainsi ces enfants sont-ils constamment repris : « on ne dit pas comme cela, mais comme ceci », « tu parleras lorsque tu sauras ce que tu veux dire », « un grand garçon (deux ans et demi !) ne parle pas comme cela », « tu parles comme un bébé (deux ans !) ». On retrouve en effet chez le bègue ce souci de la perfection, proche de l'obsession, qui voudrait parler parfaitement et sans s'autoriser toutes ces défaillances que l'on constate chez le commun des mortels.

Comment, ici, ne pas souligner que le plus sûr moyen de permettre à l'enfant de développer correctement son langage est de le laisser s'exprimer sans le reprendre (« répète avec moi... », « on ne dit pas comme ça »). Paradoxalement, ces reprises et redites peuvent décourager l'enfant de s'exprimer par le langage oral qui lui paraît aussi difficile. L'attitude éducative appropriée consistera au contraire à parler normalement aux enfants, dans un langage adulte (ce qui signifie qu'il ne s'agit point de reprendre dans son propre vocabulaire d'adulte les mots inventés par l'enfant et qui ne traduisent que son incapacité actuelle à utiliser le langage usuel : « le popo » pour le pot, « la lolo » pour l'eau ; si ces mots amusent l'adulte, leur persévération ne permet guère à l'enfant d'acquérir le vocabulaire adapté). En réutilisant, par exemple, dans une phrase le mot écorché ou déformé par l'enfant, mais sans insister sur ce mot, l'imprégnation s'effectue et le moment viendra à son heure où le jeune enfant l'emploiera normalement. Là comme ailleurs l'individu avance à son rythme et le forçage n'est guère une attitude éducative qui convienne... On évitera de faire remarquer une difficulté de l'enfant à ce sujet, pour ne pas «fixer» ce trouble dans la conscience qu'il a de lui-même, dans son image de lui-même.

Il reste que la personnalité du bègue est multiple, variée et surtout — que l'on nous excuse — complexe! En général, l'enfant, dès qu'il devient conscient de son affection, organise sa vie de manière à éviter telle personne ou telle situation face à qui il craint de retomber dans le bégaiement. De même, il pourra rester silencieux devant certaines personnes ou encore ne plus employer certains mots après un épisode particulièrement traumatisant. Dès lors le bègue est confronté à une sensation d'insécurité et de malaise qui le poursuit dans toutes les circonstances de la vie quotidienne.

Mais à la période pubertaire, alors que les problèmes de l'adolescence s'ajouteront à ceux occasionnés par la communication avec l'entourage, l'adolescent, soumis aux situations sociales conventionnelles, va se trouver confronté à elles, alors qu'elles lui sont aggravées par le bégaiement. Ses réadaptations et réorganisations peuvent le conduire à des troubles du caractère, des sentiments de culpabilité ou des conduites agressives. La personnalité du bègue est donc fragile émotionnellement et nombreux sont les adultes ainsi atteints psychologiquement même si leur bégaiement a paru diminuer. A l'âge de la maturité, si les remaniements existent, la déficience du langage entrave toujours les relations sociales: nous avons connu une jeune femme, devenue éducatrice, qui ne bégayait pas lorsqu'elle était en compagnie des enfants, mais chez qui le bégaiement revenait alors qu'elle côtoyait des adultes.

Déficiences visuelles, posturales, vocales... troubles du regard, du geste, du discours; déjà les occasions de «complexes» ne manquent pas; pourtant, il en est d'autres, encore.

ANGOISSE

Cyrille - 6 ans

Dessin d'un bonhomme par un enfant de 6 ans.

Le visage est remarquable puisqu'on ne voit que deux immenses trous noirs pour figurer les yeux ou les lunettes.

Or, cet enfant porte des lunettes et ne les supporte pas. Cela est particulièrement net à travers cette représentation. Il les a cassées de multiples fois.

Toutes les attitudes psychologiques et éducatives s'attacheront à lui faire accepter ce port correctif car la myopie est très forte.

Chapitre 7
Débordements...

Une mention particulière doit être faite des sujets qui souffrent d'un excès, d'un trop, d'un surplus, qui sont victimes de débordements qui les affectent et dépassent: «trop gros», «trop timides», en somme «trop différents».

«Trop gros»

L'enfant obèse, surtout au moment où il est scolarisé, s'aperçoit qu'il n'est pas «pareil» que ses camarades: dans cette réaction, beaucoup dépend sans doute du degré de «grosseur» mais aussi de la personnalité de chaque enfant comme aussi de celle des personnes rencontrées (écoliers, enseignants).

L'obésité signifie une charge excessive en graisses de réserve au niveau des cellules du tissu adipeux; l'embonpoint peut se manifester sur l'ensemble du corps ou se localiser plus sélectivement sur les hanches, les fesses ou les cuisses. Mais il est difficile de décider a priori d'un enfant qu'il « se porte bien » ou qu'il est « vraiment trop gros » : c'est fréquemment la réaction de l'entourage qui va ou non déclencher le « complexe ».

Car l'obésité est tout d'abord affaire de normes et d'acceptation sociale. Les normes se traduisent en tableaux comparatifs de poids moyen selon l'âge, le sexe et la taille : sera dit obèse celui dont le poids excède de 20 % cette moyenne. L'acceptation sociale, elle, varie dans le temps et selon les milieux : les modèles féminins de Rubens ou les sculptures de Maillol n'ont que de lointains rapports, tant leurs formes sont épanouies, avec le tracé des modernes et filiformes mannequins de mode. L'obsession de la « ligne » chez nos compagnes n'est toutefois pas incompatible, à l'occasion, avec le sentiment de plaisir que certaines éprouvent au contact de leur rondeur de futures mères ou lorsqu'elles sont devenues mères : voir la joie qu'elles ressentent à contempler leur bébé joufflu, au corps rond de celui qui est bien nourri, tous signes qu'elles interprètent volontiers comme révélateurs de bonne santé.

Aussi bien l'obésité de l'enfant apparaît-elle parfois, aux yeux des parents, comme un phénomène provisoire, momentané, lié au développement physiologique et moteur et qui donc, à ce titre, est appelé à vite disparaître, à « fondre », à un moment plus ou moins rapproché. Il n'y aurait donc guère à s'en inquiéter et il faudrait ici suivre la sagesse populaire lorsqu'elle indique que « le jour où il marchera, ce bébé trop bien portant ne manquera pas de perdre rapidement les kilogrammes excédentaires, par le jeu même de l'exercice, du mouvement qu'il se donnera ».

D'autant plus que l'enfant qui « mange bien » ne manque pas, de ce fait, de gratifier sa mère, qui peut ainsi se vivre et se valoriser d'être une « bonne mère », ce qui satisfait ses propres besoins narcissiques. Or l'on sait bien aujourd'hui que des apports nutritionnels excessifs en graisses, surtout lors des premiers mois, peuvent constituer un « terrain » prédisposant à l'obésité : les premiers régimes alimentaires ont donc une grande importance.

Dans cette relation initiale mère-enfant, il n'y a pas que l'acte de nourriture qui s'accomplit : c'est un contact psycho-affectif qui se noue et la qualité de ce rapport va marquer l'attitude à l'égard de l'alimentation de ce et ceux qui la constituent. Car se nourrir n'est pas seulement satisfaire un besoin physiologique, c'est éprouver du plaisir à le faire, qui n'est pas seulement buccal : la tradition culinaire française est là d'ailleurs pour le rappeler, de même que le langage qui rend compte par ailleurs de la distinction entre le gourmet et le gourmand. De plus, pour le bébé ou le jeune enfant la relation alimentaire s'accroît du plaisir de partager des moments d'intimité privilégiée avec sa mère.

Mais si celle-ci n'est pas réellement disponible dans ces moments-là (qu'elle soit pressée d'en terminer parce que le temps lui est compté; que son esprit soit accaparé par des difficultés personnelles, professionnelles ou financières; qu'elle n'ait pas de plaisir à être là à faire manger son enfant, qu'au demeurant elle n'avait peut-être pas désiré...), le repas n'est alors pour l'enfant qu'un moment terne, triste, qui ne lui apporte guère de satisfactions. Ce manque affectif ressenti, il va le compenser par une ingestion de nourriture, qu'il « dévore ». Il peut en aller de même lorsque la mère répond à toute demande de l'enfant, cri ou malaise, par un don de nourriture : le nourrisson est accoutumé à voir ses besoins ainsi satisfaits. Il aura dès lors tendance à se réfugier dans de tels comportements lors de situations difficiles.

Le sevrage est un moment crucial qui peut « réveiller » des conflits mal résolus. Selon la manière dont il est exigé par la mère et vécu par l'enfant, celui-ci peut devenir angoissé devant la perte possible du sein (ou du biberon) et la peur d'avoir faim se traduira par une réelle gloutonnerie. Car le sevrage signifie concrètement le terme de la relation d'union presque fusionnelle avec la mère.

Sans doute l'obésité n'est-elle pas due uniquement à des raisons psychologiques. Des prédispositions familiales (tant au niveau héréditaire qu'à celui des habitudes de vie et de nourriture — tendant parfois à des régimes hypercaloriques), des troubles endocriniens ou du système nerveux peuvent encore intervenir. Certains auteurs distinguent l'obésité de la boulimie; en cas d'obésité, ce sont des troubles organiques qui ont entraîné la surcharge pondérale, les difficultés sont alors « réactionnelles » à cette situation; en cas de boulimie, les difficultés affectives, psychologiques donc, ont été premières et l'ont conduit à des demandes fréquentes de nourriture, donc, par un enchaînement de conséquences, à devenir obèse.

Dans le premier cas, celui de l'obèse, le risque de « complexe » est assez net. Les différentes causes organiques possibles une fois diagnostiquées par le médecin — car c'est bien d'une maladie qu'il s'agit —, l'intervention psychologique devra permettre d'en assurer au mieux le traitement. Les régimes sont plus ou moins draconiens, et la manière dont l'enfant va les vivre est donc essentielle. L'enfant a des difficultés à s'accepter, à trouver son identité, il est physiquement peu actif; les réactions parentales sont ici encore d'une importance majeure : selon que les parents vivent cette situation dans une grande anxiété et n'ont de cesse d'épier leur enfant pour observer le plus léger signe de difficulté ou selon, à l'opposé, qu'ils prennent prétexte de sa maladie pour « tout lui passer » et le couvrir de cadeaux, prévenant le moindre désir et l'installant ainsi dans un rôle délicat de tyran domestique toujours insatisfait (mais pourquoi y aurait-il une fin ?), les attitudes mêmes de l'enfant seront variables.

L'acceptation par les parents des difficultés de leur enfant va de pair avec le souci qui est le leur de lui ménager au mieux une vie sociale qui se rapproche le plus possible de la normale: inscription à l'école, participation à des activités avec des camarades de son âge... Le risque de l'isolement et du rejet est réel et peut aboutir à une inhibition et à un abandon à la protection toute-puissante des parents.

Du point de vue de l'enfant, la susceptibilité vis-à-vis de son embonpoint ne facilite guère les relations sociales; il interprète parfois mal les positions que prennent les autres à son égard et a quelque tendance à n'y relever que de la pitié ou de la moquerie déguisée. Le repli sur soi dans des positions méfiantes et susceptibles est alors quelquefois observé.

> *Ainsi Alain, adolescent de 17 ans, souffrait-il à la fois d'un poids excessif (et de l'inconfort que cela entraîne) et des étiquettes que cela lui valait de la part de ses camarades de classe, «allez, le gros, écarte-toi en vitesse», «remue ta graisse». Il courait le risque d'un repli pathologique sur soi, sur un monde intérieur de rêveries et de fantasmes où tout allait beaucoup mieux que dans la réalité, lorsque deux professeurs, presque la même année, surent le piquer au vif de son amour-propre et l'inciter à «sortir de ses propres problèmes». L'un en mettant l'accent sur le «bon côté de l'obésité»: «Allons, Alain, quand on a une bonne santé comme toi, on peut prendre des responsabilités et assumer un travail supplémentaire. Pourquoi ne serait-ce pas toi qui dirigerais la troupe de théâtre?» L'autre en incitant Alain à participer à l'équipe de rugby où «sa force» serait utile. S'acceptant mieux, mieux accepté par les autres, Alain est aujourd'hui plus ouvert, plus heureux... «réconcilié» avec un «volume» dont il espère, malgré tout, la réduction, ce à quoi son médecin s'emploie.*

Le cas de l'enfant boulimique est, par contre, surtout lié aux insatisfactions ressenties lors de la relation alimentaire avec sa mère (ou le substitut maternel) dans les premiers mois de la vie. La compensation qu'il recherche dans la nourriture fait que le traitement de son obésité doit nécessairement prendre en compte cet aspect psychologique. Notons qu'il peut également s'agir d'un phénomène de régression à la phase orale, lors, par exemple, d'un échec dans une relation, ressentie comme un manque de l'amour maternel. La boulimie traduit alors des frustrations plus ou moins conscientes qu'il s'agira, avec la collaboration du psychologue, de mettre à jour.

2. Trop timide

Alors que cet enfant fait tout ce qui est en son possible pour s'efforcer de ne pas se faire remarquer, c'est bien au contraire lui que l'on apercevra d'emblée: ses hésitations, son souci — ostensible! — de demeurer inaperçu, les rougeurs qui envahissent son visage, la moiteur de ses mains lorsqu'il salue, tout le signale à l'observateur le moins averti. Les difficultés que rencontrent de tels enfants sont aisément imaginables, depuis le bégaiement dans des situations où ils se sentent jugés, jusqu'à «l'oubli» manifesté lors de la récitation des leçons que la veille pourtant ils savaient par cœur (mais avec leur mère...!), en passant par le rejet à subir par les camarades lorsqu'il s'agit de répartir les rôles, par exemple pour une pièce de théâtre à jouer entre camarades. L'adolescence, en particulier, est une période fertile pour l'éclosion de tels «complexes».

Cette timidité a bien sûr des rapports avec le sentiment d'infériorité dont nous venons de parler et les comportements réactionnels de l'enfant timide sont souvent comparables à ceux de l'obèse: il s'isole, se réfugie dans la lecture, la compagnie d'animaux familiers.

> *La timidité, c'est le problème d'André, élevé par une mère inquiète, qui l'a constamment surprotégé, craignant sans cesse qu'il n'ait trop chaud ou trop froid, ou que ses camarades de*

jeux ne soient pas assez « convenables », ou soient « trop bien » pour lui et veillant à ce qu'il ne subisse aucun choc émotif. Vivant dans cette atmosphère étouffante, André a intériorisé le monde adulte comme un milieu dangereux et sa mère comme le refuge indispensable. Il satisfait ainsi cette dernière qui, à la fois, se plaint de l'avoir « toujours dans les jupes » mais ne peut supporter l'idée qu'il soit autonome.

Face à cet enfant, l'important est bien de restaurer le minimum nécessaire de confiance en soi qui lui permettra de se constituer peu à peu en personne indépendante; des réussites concrètes lui sont indispensables dans cet effort de restauration de l'image de lui-même. On évitera, également, de faire remarquer sa difficulté et d'attirer l'attention sur lui, puisque c'est bien la crainte du regard de l'autre qui est l'une des causes de cette timidité. Mais cette aide externe ne doit pas être ressentie comme pesante sinon le timide se sent encore plus infériorisé. Les contacts avec d'autres enfants, ou adolescents, peuvent permettre de « débloquer » de telles situations, tout comme l'expression corporelle ou toutes autres activités du même ordre.

3. Trop « différent »

Jusqu'ici nous avons évoqué les difficiles situations d'enfants aux prises avec des handicaps physiques ou des troubles nettement caractérisés. Il ne nous est guère possible d'évoquer la totalité des « complexes » que peuvent connaître les enfants. Aussi nous chercherons ici à envisager ensemble les difficultés nées de problèmes particuliers mais qui ont en commun de « signaler » l'enfant à son entourage par des caractéristiques particulières qui l'excluent d'une certaine norme, le font un enfant « autre ».

Tel est l'enfant trop âgé dans une classe où il domine de la tête tous ses camarades, le « cancre », le « petit », l'enfant gaucher que l'on veut à tout prix « rééduquer », l'écolier d'origine africaine dans une classe où les autres enfants ont la peau blanche, l'enfant qui souffre d'acné persistante, le collégien issu d'une famille très modeste scolarisé parmi les enfants de milieux sociaux très aisés,... : les exemples pourraient être multipliés... et chacun d'entre vous en rajouterait aisément.

Le refus de la différence s'observe assez fréquemment dans les groupes en proie à des tensions : on sait le poids des normes dans les phénomènes d'appartenance aux groupes, de « reconnaissance sociale ». Mais l'adulte qui permet aux enfants de se remarquer différents est aussi celui qui leur facilite l'accession à des conduites autonomes, à une identification à une image spécifique. Chaque enfant gagne ainsi à être perçu original, dans sa valeur propre, qui le constitue comme personne particulière. Le « complexe » né de la constatation de caractéristiques différentes est de ceux où la part initiale des attitudes parentales et éducatives est des plus manifestes.

Le niveau à partir duquel ces « différences » entre enfants suscitent une réaction de rejet de la part du groupe et d'inhibition chez l'enfant ainsi exclu du groupe est, on le conçoit aisément, dépendant de nombreux facteurs. Du côté de l'enfant ainsi singularisé, la manière de se situer face à son handicap est largement fonction de la qualité des relations qu'il a nouées dans le milieu familial. Une parole explicative et compréhensive venant de ses parents et lui proposant une attitude dédramatisée facilitera l'acceptation de ces difficultés objectives, évitant ainsi par là la formation d'un « complexe » inhibiteur. Les tendances récentes de la psychanalyse, en mettant l'accent sur le rôle du langage, rappellent ici que l'enfant est « un être de langage ». Aussi bien, l'entendre, lui parler de ses souffrances, des problèmes qu'il rencontre, les lui expliquer comme les parents les comprennent, est pour lui la manifestation concrète de leur présence et de leur aide. Elle lui permet déjà de vivre une relation de confiance par rapport à eux et de regagner par là même confiance en lui. L'effet de cette parole communiquée sur la résolution de ses difficultés est réel.

TROISIEME PARTIE
QU'EN FAIRE ?

Résumons-nous brièvement : des « complexes », il en est donc de nombreux possibles, aux formes diverses et qui affectent l'enfant à l'occasion de difficultés rencontrées lors de son développement psychologique ou du fait de son apparence physique, de son handicap éventuel qui le marquent « différent » des autres. Nous venons de voir que sous ces manifestations multiples quelques repères plus généraux indiquent à l'observateur avisé ce qui se joue « en profondeur » dans l'affectivité. Les dynamiques d'évolution varieront en fonction des manières dont chacun a « résolu » les conflits organisateurs de la personnalité.

Sur ce noyau central, cette structure assez stable, se greffent donc des modalités particulières de réagir aux événements qui affectent l'existence, dans la famille, à l'école ou dans l'environnement proche. Un individu n'est pas atteint pareillement par un accident physique ou une maladie qui laisse des séquelles et perturbe la vie quotidienne selon qu'il a été élevé dans un cadre familial sécurisant et qui fait confiance sans dramatiser ou selon que des parents, angoissés de tout, l'ont surprotégé.

Aussi faut-il envisager maintenant les devenirs possibles de ces « complexes », en fonction des types d'évolution plus ou moins probables : existe-t-il un rôle préventif de la famille ou de l'école et que peut-on dire à ce propos ? Après le moment où nous avons situé l'Œdipe, par exemple, que va-t-il ou que peut-il survenir ? Les contacts avec les autres écoliers, la socialisation qui s'opère et se poursuit dans le cadre des activités scolaires ou de loisirs, la rencontre d'adultes enseignants... ne favorisent-ils pas une certaine « reprise » à la fois des difficultés déjà rencontrées comme des chances d'y mieux répondre ? Sommes-nous donc entièrement téléguidés par nos premières années ?

Des courants d'idées nouveaux traversent nos manières d'envisager l'éducation et nous remettent en cause, nous parents et éducateurs : pour certains, il conviendrait surtout d'éviter les « traumatismes » de peur qu'il ne s'ensuive des dommages psychologiques irrémédiables. Pour d'autres, c'est d'autorité ferme et indiscutable qu'auraient besoin les jeunes générations. Qui croire ? Doit-on incriminer, par exemple, les modes de vie contemporains amenant des mères de plus en plus nombreuses à choisir une activité professionnelle rémunérée à l'extérieur de leur foyer et les suspecter de « s'occuper moins » de leurs enfants ? Ou faut-il donner « mauvaise conscience » à celles qui préfèrent demeurer chez elles — lorsque les conditions économiques le leur permettent — et, les soupçonnant de vivre repliées sur leur « petit monde », de s'en « occuper trop » ?

Confrontée aux situations difficiles que rencontrent des écoliers aux prises avec un entourage scolaire qui les rejette, la famille n'a-t-elle d'autre choix que d'attendre que « cela se passe », d'espérer des « miracles » ou de provoquer des solutions énergiques comme le changement radical de milieu? Devant l'incertitude qui règne dans les choix éducatifs et face à l'impossibilité de reproduire purement et simplement les comportements hérités de leurs propres parents, beaucoup demandent à l'école, ou à des mouvements éducatifs organisant des activités hors des temps scolaires, de «former» leurs enfants puisqu'ils se sentent eux-mêmes désarmés.

Mais l'école est-elle mieux adaptée pour cette surcparge en responsabilité? On sait que les instituteurs et les professeurs jouissent d'une considération sociale bien moindre que dans un passé encore proche et se sentent largement «incompris» par l'opinion publique. Les parents sous-estiment trop les qualités — d'intelligence, d'affection, de disponibilité, de résistance nerveuse, ... — nécessaires à l'exercice de cette profession qui ne ressemble à aucune autre. Ils oublient fréquemment leur impatience propre ou leurs réactions de fuite lorsqu'ils ont à «occuper» leurs enfants durant des heures de loisir forcé à la maison (par temps de pluie, par exemple...). Et ils ne vivent cependant pas en relation continuelle avec vingt-cinq à trente-cinq personnalités différentes et exigeantes.

C'est bien pourtant dans et par cette relation, de personne à personne, entre l'adulte délégué par le corps social pour enseigner et éduquer et ces écoliers sur la voie de leur développement, que se déroule une aventure toujours imprévisible mais essentielle à la constitution de la personnalité du futur adulte.

Que faire donc si le «complexe» malgré tout s'installe? Si l'adoption d'attitudes plus adaptées, tant en famille qu'à l'école, à la compréhension lucide des difficultés vécues par l'enfant, n'a point suffi, de quelles ressources dispose-t-on alors? La psychologie, en particulier, peut-elle être de quelque secours: si elle propose des «explications» pertinentes, de quels moyens thérapeutiques dispose-t-elle, de quels outils diagnostiques également, et comment se représenter son action ?

Mais peut-être faut-il commencer par croire qu'il n'est jamais question de « baisser les bras » et redonner l'espoir à chacun — l'envie donc — de repartir sur le chemin d'une harmonie nouvelle, dans ses propres émotions comme dans ses relations avec les autres...

Chapitre 8
Autour et ensuite

Jusqu'à présent, les choix qui ont été les nôtres de situer la formation des « complexes » à partir du développement psycho-affectif de l'enfant jusqu'à la résolution du complexe d'Œdipe, considéré comme le complexe formateur par excellence, ces choix, donc, nous ont conduits à limiter la présentation de l'évolution psychologique vers la sixième année, approximativement, de la vie enfantine. Nous essaierons ici d'indiquer comment se poursuit la dynamique de l'affectivité et en quoi elle concerne les réaménagements possibles de situations complexuelles.

1. Rejouer les complexes?

Entre 7 et 10-11 ans se déroule la phase dite « de latence », pour marquer qu'une manière de pause s'accomplit après les bouleversements introduits par la situation œdipienne. C'est donc l'âge de l'écolier, âge au cours duquel ne se développent pas d'organisations nouvelles de la sexualité, ce qui ne signifie cependant pas que la sexualité, au sens précédemment indiqué, ne s'y manifeste pas.

Des facteurs sociaux (l'entrée à l'école primaire, les jeux avec les camarades, la discipline ordonnée autour des apprentissages scolaires, ...) interfèrent alors avec des phénomènes de nature psychologique (liquidation du complexe œdipien, mise en veilleuse relative de la vie pulsionnelle, ...). Mais les événements antérieurs de la vie enfantine ne peuvent pour autant être mis entre parenthèses, car leur mode de résolution va se répéter — se «transférer» — sur les situations scolaires et traduire ainsi les difficultés évolutives qui ont pu être rencontrées.

L'importance des premières années de la vie ne peut donc être sous-estimée. Elle est bien essentielle. Toutefois, il serait également hâtif de considérer que «tout est joué avant six ans». L'éducation conserve son influence et l'on sait, par exemple, à la suite d'expériences nombreuses, que l'élève est très réceptif à l'image que l'enseignant lui renvoie de lui-même; on pourrait presque dire que l'enfant a tendance à devenir ce qu'on lui dit qu'il est: rejeté, catalogué comme «débile», «paresseux», ... il se forme sur cette image de lui-même qu'on lui présente. Il faut le redire et y insister: l'enfant mal aimé s'aime mal.

L'école, lieu privilégié des apprentissages intellectuels, suppose une discipline collective, donc une maîtrise de l'expression, de l'affectivité: d'individu aimé, en famille pour lui seul, l'enfant devient écolier, presque anonyme, qui ne peut prétendre monopoliser l'attention de l'instituteur. Ce passage difficile peut être l'occasion de revivre des événements douloureux pour lui et l'angoisse du sevrage, par exemple, ainsi réapparaître. Certains facteurs aident néanmoins: les parents désirent qu'il entre à l'école, c'est la famille elle-même qui souhaite cette séparation. De plus, l'enfant, poussé par le désir de grandir, de s'identifier à l'adulte, ressent le fait de devenir écolier comme une promotion qui le valorise.

C'est le moment où les intérêts sexuels diminuent, refoulés ou sublimés qu'ils sont vers des buts culturels. Le groupe social de ses camarades lui permet d'acquérir une certaine autonomie affective vis-à-vis de ses parents. Le maître d'école — ou l'institutrice —, substitut inconscient des figures parentales, peut faciliter, par la maîtrise affective qui est la sienne, d'autres identifications. Le développement des capacités intellectuelles élargit de même les investissements émotionnels, l'enfant a plaisir à réfléchir et à apprendre.

2. L'adolescence

La puberté, vers 13-14 ans, débute par des transformations physiologiques qui vont nécessiter des adaptations nouvelles. L'apparition des caractères sexuels secondaires chez la fille, plus précoces que chez le garçon, traduisent un travail physiologique important face auquel l'adolescent est dérouté: les pulsions en sommeil relatif durant la phase de latence, sont réactivées et ces poussées d'origine sexuelle conduisent le jeune adolescent à adopter des mécanismes de défense psychologiques. Le refoulement (rejeter dans l'inconscient), l'intellectualisation (transformer les émotions en idées abstraites), ... lui permettent de tenir à distance ces émotions quelquefois violentes qui l'envahissent et qu'il ne peut contrôler.

De plus, la croissance physique qui l'affecte entraîne une certaine maladresse dans ses mouvements (il est gauche, ne sait que faire de son corps trop rapidement grandi...): l'image qu'il se formait de lui doit être remaniée; il est inquiet sur son identité sexuelle lorsqu'il observe ses complaisances pour sa propre image ou pour des individus de son sexe; il ne sait trop comment aborder l'autre sexe et craint d'être jugé, rejeté.

Cependant, cette désadaptation, malgré les difficultés qu'elle entraîne, va permettre à l'adolescent, dans l'opposition agressive qu'il manifeste vis-à-vis de ses parents, de rechercher d'autres identifications adultes possibles, donc de rejouer, d'une certaine manière, les conflits qui l'ont marqué jusqu'à la phase œdipienne. Une nouvelle chance de résoudre le complexe œdipien est donc ouverte.

3. Prévenir le «complexe»?

Nous avons envisagé précédemment des attitudes qui sont, en fait, accidentelles mais remarquables en raison de leur caractère spectaculaire. D'autres sont plus pernicieuses car elles résultent d'une action continue du milieu familial. Difficiles à déceler, il faut observer attentivement pour s'apercevoir que la cellule familiale est un véritable bouillon de culture pour perturbations affectives. Examinons-en quelques-unes:

a) *Le milieu socioculturel*: L'atmosphère familiale, malaisée à définir dans la réalité, est décisive pour l'enfant. Et notre société, où réussite professionnelle n'est pas synonyme de réussite familiale, a rendu plus délicat le passage œdipien: un père retenu par ses activités professionnelles à l'extérieur met en péril son fils ou sa fille. Au contraire, trop fatigué par une journée épuisante, il donne une image adulte qui n'est guère stimulante. Un père éreinté, une mère dépressive ne constituent pas des modèles enviables... Les enfants chercheront ailleurs des personnes à qui ressembler: enseignant, parents d'un camarade, chanteur, acteur, héros de bande dessinée... qui rendront quelquefois le fossé encore plus grand et la dévalorisation plus prononcée. Toutefois, il faut se garder de discréditer ces comparaisons, à l'occasion peu avantageuses pour nous, parents. Elles sont une source d'informations considérables pour l'enfant — l'adolescent — qui pénètrent ainsi dans un monde mal connu. Elles sont aussi le moyen d'établir des confrontations, de relativiser les jugements des proches et de se détacher quelque peu des exemples du milieu familial. Le conflit sera, bien sûr, plus critique à l'adolescence lorsque les valeurs parentales seront le plus souvent battues en brèche.

De ce qui précède, on aura compris que, si tous les enfants ne sont pas égaux devant l'école, ils ne le sont guère plus devant les problèmes affectifs. Les attitudes des parents rencontrent les désirs de l'enfant et facilitent les manifestations d'identification en même temps qu'elles favorisent le développement intellectuel. Les mêmes situations sont quelquefois plus difficiles à assumer dans les milieux où l'enfant peut se trouver déchiré dans des attachements contradictoires.

Ainsi Philippe qui ne parvient pas à « bien réussir » à l'école, angoissé par la crainte de supplanter son père, artisan; ce qui réveille en lui la rivalité, donc la culpabilité œdipienne. Quoique la règle ne soit pas générale. Et c'est heureux!

Absorbés par un travail passionnant ou... anéantis par les soucis de la vie quotidienne, certains parents « passent complètement à côté » des sentiments de leurs enfants : ainsi ce papa qui ne s'est pas aperçu de l'insistance avec laquelle sa fille désire être à ses côté et lui montrer combien elle est fière de lui. Pas de réponse, pas le plus petit encouragement. Progressivement, celle-ci s'est détachée de lui, meurtrie dans son amour et a perdu confiance en elle-même. La fillette a reporté son affection sur sa mère, prolongeant ainsi la situation privilégiée antérieure. Devenue timide et timorée, elle fuit les contacts sociaux et particulièrement ceux qui la mettent en présence d'un homme. De même aurait-elle pu penser que ce manque d'affection tenait à son sexe, y voir les stigmates de sa condition de fillette et dès lors refuser une féminité infamante. D'où, parfois, les revendications de virilité de certaines femmes.

Notre propos n'est pas de multiplier de tels exemples. Nous aimerions plutôt faire place ici aux attitudes parentales dont on n'a pas une conscience claire car elles mettent en cause des jeux de relations subtiles. Ces attitudes prennent leur source dans la propre enfance des parents concernés.

b) *L'affectivité des parents* : Si les sentiments œdipiens des enfants pour les parents sont réels, ceux-ci le leur rendent bien ! La mère ayant une petite préférence pour le garçon et le père pour la fille.

Dans la majorité des cas, cette préférence, cette tendresse, restent l'expression d'un jeu dont les parents sont conscients et dont ils sont les premiers à s'amuser ou qu'ils ont les premiers à entretenir. Dans d'autres circonstances, ces relations deviennent les jouets des problèmes personnels des parents. Expliquons-nous : la façon dont ces derniers ont vécu, eux-mêmes, cette période œdipienne va faire resurgir des souvenirs bien enfouis et ramener, souvent très inconsciemment, d'anciennes pensées, de vieux sentiments que l'on croyait à jamais disparus. Le présent rappelle un passé lointain : les relations des parents avec leurs propres parents. Si celles-ci ne sont pas claires, elles risquent d'entraîner un comportement inadapté en face de leur enfant. C'est la naissance d'un attachement passionnel à ce dernier. Prisonnier d'un amour irraisonné qui annihile toute tentative d'autonomie, celui-ci est condamné à vivre ses futures relations sociales sur la répétition ou l'inversion rigides du mode parental.

C'est ainsi que le mariage ne résoudra pas une situation

œdipienne qui ne l'a pas été en temps voulu; il risque plutôt de laisser les conjoints insatisfaits: ils reportent alors trop souvent sur l'enfant leurs illusions manquées, leurs amours déçus ou leurs frustrations actuelles.

> *Un cas parmi des milliers d'autres: François, fils unique d'une mère possessive, ne peut envisager le mariage. Après de multiples difficultés dans sa vie sentimentale, il se marie cependant mais divorce quelques mois plus tard. Que s'est-il passé? La mère, peu heureuse dans son union, a reporté toute son affection sur cet enfant et ne pouvait concevoir de le « partager avec une autre ». Elle fit tant et si bien qu'elle le persuada qu'il l'avait abandonnée, elle qui lui « avait sacrifié sa vie », en même temps qu'elle couvrait sa belle-fille de tous les maux. Le jeune marié fut convaincu et retourna vivre auprès de sa mère.*

Le complexe d'Œdipe, lorsqu'il manifeste l'intensité des attachements de l'enfant à l'un des parents et de son hostilité à l'autre, n'est donc pas sans déclencher des réponses parentales, où se retrouvent aussi la propre « position œdipienne » de ces derniers et qui ne manquent donc pas de retentir sur l'enfant, augmentant ainsi son angoisse à cette étape.

De la même façon, lorsque la mère, par exemple, est une personne craintive, anxieuse, elle transmet cette peur à sa fille par le mouvement d'identification de cette dernière. L'anxiété des parents peut accroître les difficultés de l'enfant dans la mesure où ce dernier perçoit ces incertitudes parentales et ne dispose donc pas de modalités d'identification stables et assurées. Beaucoup de parents, prétextant les difficultés de l'époque, la maladresse de leur enfant, ... ne font en fait que soumettre ce dernier à un contrôle étroit, à une dépendance contre laquelle il ne peut se défendre qu'en agressant, en fuyant ou en subissant.

L'Œdipe est donc une étape normale du développement, un complexe nécessaire et structurant. Ainsi les parent doivent-ils être attentifs à ce qui se joue dans cette situation et se souvenir que c'est L'INTERDIT DE L'INCESTE : « tu voudrais devenir le mari de ta mère (ou la femme de ton père), et faire comme les grands. Ce n'est pas possible, car ta maman est ma femme (ou ton papa est mon mari) ». Il n'y a aucun avantage à entretenir une quelconque ambiguïté, comme dans ces cas où l'un des parents étant absent pour quelques jours, l'autre laisse l'enfant du même sexe que le conjoint prendre la place vacante (jusques et y compris parfois dans le lit conjugal); *l'enfant doit sentir que cette prohibition de l'inceste est une position claire et définitive chez ses parents.*

4. Les rôles parentaux

Nous avons surtout insisté jusqu'ici sur le rôle de la mère (ou de son substitut) dans la relation qu'elle entretient avec son enfant. On se souvient ainsi qu'à différents moments du développement enfantin se joue une tension entre mère et enfant, dont la manière de sortir, de la part de ce dernier, va marquer ses comportements ultérieurs. Ainsi du sevrage : trop précoce ou trop tardif, parfois trop brutal, il peut susciter des difficultés pour l'enfant, des manifestations d'angoisse avec d'éventuels troubles digestifs; un sevrage trop précoce, souvent observé chez des mères plutôt rigides, peut aboutir à un conflit et une opposition à la mère ira parfois jusqu'à l'ANOREXIE. Un sevrage tardif, par une mère surprotectrice, crée une situation ambivalente, de fixation à la mère et en même temps d'agressivité à son égard.

Des comportements observés plus tard, comme l'avidité, la gloutonnerie, la cleptomanie (compulsion à dérober), l'inhibition de l'agressivité, etc... peuvent être, d'une certaine manière, compris comme des répétitions de « solutions » de tels conflits. Le sevrage est l'une de ces frustrations nécessaires au développement psychologique, une exigence sociale. On ne peut grandir qu'en renonçant à certains plaisirs ou pour en obtenir d'autres, différés dans le temps ou moins tangibles concrètement (l'amour de la mère).

Dans l'éducation à la propreté, il en va de même : il faut savoir attendre pour l'entreprendre que l'enfant ait la maîtrise de ses sphincters, donc que son système nerveux soit assez développé pour qu'il puisse commander ses mouvements. L'enfant sort de cette étape en acceptant de faire don de sa propreté : il diffère un plaisir immédiat (expulser ou retenir) pour en obtenir un autre, la satisfaction de sa mère.

Au moment d'exposer la complexité de l'Œdipe, nous avons noté également la place du père, tant dans sa relation à la fille que dans l'ouverture identificatoire qu'il propose au garçon. C'est lui qui peut souvent le mieux expliquer à un aîné souffrant de l'attention que tous semblent porter au cadet qui vient de naître, que l'affection que ses parents lui portent n'a pas changé. Il valorise ainsi le fait qu'il est grand, lui, et qu'il est l'aîné.

Mais le rôle paternel commence bien avant l'Œdipe. Déjà le nourrisson est confronté à la voix du père, ce qui le sécurise et constitue son environnement sonore familier. De plus en plus fréquemment, avec l'évolution sociale des mentalités, c'est le père qui participe aux soins quotidiens de l'enfant. D'autre part, le père existe à travers ce que la mère vit de leur amour conjugal et dans les paroles de cette dernière lorsque le travail du père, comme il arrive parfois, le tient éloigné plusieurs jours de la maison. Le père explique aussi à son enfant ce que sont ses occupations professionnels, et qu'il pense à lui lorsqu'il n'est pas là. Même absent physiquement, le père est présent dans ce qui se dit. Encore qu'il aimerait sans doute que la mère ne parle pas de lui seulement pour dire : « tu verras, quand ton père sera là, comme il te punira... » !

C'est pourquoi l'enfant élevé sans père ne peut trouver dans sa mère l'image masculine dont il a besoin : aussi celle-ci cherchera-t-elle à favoriser des contacts de son enfant avec des oncles, des amis proches qui assureront cette présence masculine réelle, alors que l'image idéalisée par la père d'un mère disparu peut être très dure à assumer par le garçon écrasé par cette rivalité. De même, dans le cas de mères divorcées, la difficulté à présenter à leur enfant un portrait où la déception, voire la haine, est vive, peut rendre très ardue la relation d'identification du garçon à une image masculine.

De fait, pour l'enfant, avoir un père, si la mère est célibataire, divorcée ou veuve, c'est être rapporté à un autre qu'elle-même ou que lui-même. C'est la possibilité pour lui de disposer de son individualité, car le père est celui qui va rompre la relation mère-enfant en autorisant ainsi l'accession à la parole, où l'enfant — à l'aide des mots — saura symboliser cette situation : il trouve alors les mots pour dire la réalité des relations de filiation.

Comprenons-nous bien : ce n'est pas forcément *le* père du sujet mais UN PERE. Un tiers qui vient s'inscrire dans le couple mère-enfant et dont la reconnaissance dépend de la place que la mère va faire de la parole de ce père.

5. Des destinées familiales troublées

Certaines d'entre elles sont lourdes à porter telles, par exemple, le divorce ou la mort du conjoint. Un tel décès ou un divorce ne sont pas vécus de la même manière par l'enfant ; lorsque la mort du père par exemple survient pendant l'Œdipe, elle atteint le garçon alors même qu'il nourrissait vis-à-vis du père-rival des fantasmes agressifs, souhaitant même parfois, sur le mode inconscient, sa disparition — donc sa mort. Ce décès intervenant dans la réalité, l'enfant imagine qu'il en est responsable et s'en ressent très culpabilisé. Une parole dédramatisante est alors nécessaire de la part du parent survivant pour que l'enfant — car le problème se pose aussi pour la fille — sache que la responsabilité de la disparition ne lui incombe pas.

La séparation des parents, elle, s'accompagne fréquemment d'un cortège de dramatisations, de disputes dans le couple et d'un sentiment, chez l'enfant, que cela aurait pu être évité. Pris à témoin, objet de chantages affectifs, obligé de se prononcer, l'enfant, au cours du divorce, éprouve un malaise profond dont il se sent fréquemment l'enjeu, l'initiateur et le responsable à la fin du compte. Les épaules enfantines ne sont pas de taille à résister à de telles situations lorsque l'enfant est au centre de ces difficultés du couple. Chaque père, chaque mère doit se persuader que son fils ou sa fille ne peut endosser des responsabilités d'adultes et qu'il n'a pas le droit de se servir de lui. Aussi convient-il, dans la mesure du possible, de dédramatiser ses interrogations en tentant de ne pas laisser courir une imagination débordante dans les moments traumatiques de la mort ou du divorce.

Le rôle du parent qui reste avec l'enfant n'en est pas moins délicat. En effet, il devient titulaire d'un lien privilégié, où le conjoint n'est plus là pour rétablir un équilibre affectif. Aussi observe-t-on quelquefois l'exagération des sentiments qui unissent le parent veuf ou divorcé à l'enfant : cela rend d'autant plus difficile l'accession à l'autonomie. On constate bien souvent la vigueur avec laquelle sont reportés tous les événements insatisfaisants sur l'enfant qui, en quelque sorte, se trouve être la compensation d'une vie où les « coups durs » n'ont pas été épargnés à celui qui a la garde de l'enfant. En être conscient et favoriser les relations avec son entourage permettent d'éviter de tels écueils.

Chapitre 9
Les complexes en famille

La famille est bien le lieu premier où s'élaborent les «complexes» aux différents sens que nous avons trouvés à ce terme: le complexe d'Œdipe et celui de castration certes, mais aussi la rivalité fraternelle; c'est également sur la qualité de l'équilibre affectif installé au travers des relations interpersonnelles au sein de la famille (et des modalités de résolution de la situation œdipienne) que l'on devra tout d'abord compter en cas de handicap particulier ou de situation perturbante susceptibles d'occasionner nombre de ces «complexes» dans lesquels l'enfant se débat.

Nous venons d'observer quelques-unes des attitudes possibles des parents lors de l'installation de ces nœuds conflictuels, de ces «complexes» et nous n'insisterons pas davantage sur ces dimensions somme toute préventives, non certes que nous estimions suffisante la place ici accordée à ces points, mais plutôt que la place manquerait sans doute pour une entreprise qui voudrait tout prévoir et tout exposer, si cela même était possible. Aussi bien, étudions à présent les problèmes que rencontre la famille lorsqu'un enfant manifeste l'un de ces comportements inhabituels qui traduisent une difficulté à vivre, un « complexe » pour tout dire.

1. S'efforcer de comprendre

Les éclaircissements que nous avons tenté d'apporter à la formation des « complexes » et l'importance accordée à la part de l'inconscient dans la constitution de ces conflits indique assez que les attitudes parentales consistant soit à rabrouer l'enfant : « allons, secoue-toi, fais un effort », soit à faire appel à sa bonne volonté : « tu sais, quand on veut vraiment, on peut », sont de peu d'effet. Sans doute faut-il plutôt commencer par se mettre à l'écoute de l'autre, essayer d'entendre ses difficultés : chaque enfant est unique, c'est une personne originale ; un effort spécifique de compréhension est toujours nécessaire.

> *Ainsi Valérie, Cedric et Gaëlle, les trois jeunes enfants de ce couple de cadres moyens, vivent-ils actuellement dans un état d'hypertension et d'agressivité qui inquiète leur mère et commence par faire quelque bruit du côté de l'école que fréquentent les deux aînés. Ne deviennent-ils pas « caractériels » ? La mère, pour sa part, garde le dernier enfant, Gaëlle, deux ans et demi, à la maison ; elle ne supporte plus ses enfants depuis quelque temps. Le couple connaît un psychologue de leurs amis qui leur conseille de prendre le temps de faire le point, de manière détendue, si possible au cours d'un week-end de repos total. Au cours de ce moment choisi, le père et la mère évoquent les événements récents de la vie du couple et sont amenés à se demander si le mari ne « fuit » pas quelque peu la famille et donc ses enfants en emportant le soir et les week-ends du travail à la maison, et en préparant au surplus une formation complémentaire ? L'essai de fins de semaine où le père, pour cette fois, est totalement disponible à sa famille, sera cette fois-là entièrement concluant : agressivité, troubles caractériels et futurs complexes semblent alors s'éloigner.*

Réexaminer donc tout d'abord le problème, tenter de prendre du recul par rapport à ces difficultés et s'efforcer de « lire avec d'autres yeux » ce qui perturbe l'affectivité des enfants, voilà sans doute la première tentative à engager. Commencer à comprendre que l'enfant, même s'il est « notre enfant », n'est pas un pur décalque de nos désirs, de nos sentiments, de nos pensées, qu'il a une vie personnelle, des difficultés spécifiques et sa manière à lui de ressentir ses problèmes, même s'il n'est donc pas toujours à même de dire ce qui le préoccupe, voilà donc l'important.

Car il faut bien être attentif au fait que le comportement de l'enfant a toujours un sens, il PARLE, il veut dire quelque chose. Les symptômes que l'on peut ainsi relever ne sont pas directement explicatifs, ils renvoient fréquemment à une autre signification. C'est pourquoi le recours aux médicaments, aux calmants, s'il rassure momentanément les parents comme le pédiatre, n'est le plus souvent qu'une manière de masquer le problème, de dissoudre le symptôme. Ce que l'enfant voulait ainsi inconsciemment dire n'est pas entendu; il est de fortes chances pour que dans son corps même il exprime un autre symptôme, « déplaçant » ainsi le conflit sur le registre psychosomatique. L'information proposée dans ce livre devrait commencer à faciliter ce travail de compréhension et d'étude de votre enfant : en montrant ce qui se joue au-delà des apprences, quelles relations imaginaires il noue, comment il se représente ses parents, quels sentiments il éprouve, nous pensons pouvoir indiquer la voie d'une telle démarche.

2. Une autre attitude

Ce comportement doit toutefois s'accompagner d'une modification de certaines attitudes, d'une dédramatisation de certaines positions et débuter, le plus fréquemment, par une PAROLE parentale éclaircissante; les événements de l'existence (décès, naissance, difficultés propres, handicaps physiques...) doivent être dits et expliqués à l'enfant comme aussi des circonstances de l'histoire familiale antérieures à sa naissance, ce qui lui permet de s'inscrire dans une généalogie. On s'imagine trop volontiers qu'il n'est pas en âge de comprendre, alors que, confronté à ces réalités, il lui faut bien S'IMAGINER SES propres explications! Ainsi, et à propos de l'Œdipe, il doit être nettement indiqué que l'inceste est prohibé, et que c'est là une interdiction fondamentale: le garçon est le fils de la mère, il ne peut en être le mari. De ce point de vue, il serait certes judicieux que l'enfant distingue nettement, dans les paroles de ses parents, ces différents niveaux: si sa mère est bien la femme de son père, pourquoi celui-ci lui répond-il de demander «A MAMAN» la monnaie pour acheter sa revue de bandes dessinées? Ne vaudrait-il pas mieux indiquer, de temps à autre, par un «demande A TA maman», la réalité des rapports humains?

Dans le même ordre d'idées, certains enfants éprouvent parfois des difficultés particulières à constituer leur identité sexuelle et cela ne leur est pas toujours facilité lorsqu'ils portent des prénoms utilisés tant pour les garçons que pour les filles: Claude, Dominique, ...

Les parents ont ainsi intérêt à faire retour sur eux-mêmes, sur la manière dont ils assument leur rôle parental. Sand doute ces rôles subissent-ils actuellement des évolutions, dans le même temps que les formes traditionnelles de la famille sont remises en question. On sait que la famille n'est pas la seule institution à être en crise; chez elle toutefois, l'individu ne peut s'en remettre à d'autres — à ses supérieurs hiérarchiques, par exemple — du soin d'élaborer des solutions. L'adaptation est nécessaire. Certes, une conception ancienne de la famille s'estompe et le rôle paternel, plus particulièrement, perd de ses prérogatives et l'autorité du père doit subir des réaménagements. Surtout, l'organisation sociale elle-même ne circule plus autant autour de figures paternelles: l'instituteur, le professeur, le prêtre — « mon Père » — le patron, le gradé, — le colonel « père du régiment » —, le chef d'Etat — « père de la nation » —, ... L'enfant ne quittait son père que pour en trouver d'autres sur sa route.

De plus, le prestige paternel lié à l'âge, à l'expérience et au savoir-faire a disparu : la poursuite d'études de plus en plus longues et les progrès technologiques font que les enfants pensent en savoir autant sinon plus que les parents et le font sentir. Parallèlement, la responsabilité parentale dans l'évolution psychologique de leur enfant est pour certains d'entre nous motif à angoisse, face à la crainte de ne point être à la hauteur de la situation. Or, est-on jamais à la hauteur d'une telle sitation ? Cela supporterait que l'enfant serait totalement enfermé dans le désir de ses parents...

Or, ce désir parental, il faut aussi se demander ce qu'il recouvre. L'enfant « désiré » à sa naissance — et les possibilités actuelles en matière anticonceptionnelle permettent de programmer en quelque sorte l'enfant selon nos « désirs » — n'est-il pas aussi parfois « désiré » pour combler les manques affectifs dans le couple ? De quoi ce besoin d'enfant veut-il être la réponse ? Le couple était-il « épanoui » avant même d'accueillir l'enfant ou ce dernier n'est-il pas une manière de « sauver » ou de « restaurer » cette harmonie ?

Le jeune enfant est aussi parfois vécu comme celui qui dérange, celui dont les problèmes ne peuvent être entendus, car ils se surajouteraient à tant d'autres. En fait, le modèle d'enfant que beaucoup aimeraient avoir n'est-il pas celui de l'enfant « sage » ? Il doit alors répondre totalement au désir de ses parents : or ces derniers accèdent-ils toujours aux siens propres, lorsqu'il veut par exemple les entendre raconter une histoire, ou jouer avec eux ? Dans ce souhait d'enfant sage, n'y a-t-il pas surtout l'image d'un être immobile, qui n'a pas d'initiatives personnelles, qui ne « dérange » pas ?

On sait que certaines agences de location d'appartements exigent de leurs futurs locataires qu'ils soient « sans enfants » : n'est-ce pas le signe que, face à la vie moderne où l'on ne se retrouve plus guère dans des rôles professionnels valorisants et attrayants, beaucoup recherchent un « chez-soi » confortable, douillet, abrité des agressions et des bruits de l'extérieur ? L'enfant serait alors l'exemple même de celui qui gêne; n'est-ce pas sa présence ici qui dit la « vérité » d'une situation d'intolérance de l'autre, lui dont le proverbe assure que la vérité, précisément, sort de sa bouche ? C'est que les conditionnements sociaux en vue de la normalisation des comportements n'ont pas toujours beaucoup de prise sur lui, en tout cas pas aussi rapidement que certains le souhaiteraient...

La famille, toutefois, doit veiller à ce que l'espace de vie de l'enfant soit sauvegardé et qu'on ne confronte pas sans cesse celui-ci, comme dans trop de quartiers de grandes villes, à cette image du « petit », de l'intrus. La disponibilité « sociale » vis-à-vis de l'enfant se traduit aussi dans les conditions de vie qui lui sont réservées et qui lui permettent plus ou moins de s'exprimer ou d'être rejeté, mis de côté, en attendant enfin de devenir l'adulte qui « peut tout faire »...

La vie relationnelle des parents peut assurer à l'enfant, dans la rencontre avec d'autres adultes, des contacts avec d'autres modèles parentaux et favoriser d'autres identifications possibles donc, d'autres confidents, d'autres amis. La famille moderne, trop repliée sur le couple, et avec un nombre d'enfants réduits, n'assure plus guère cette possibilité de régulations multiples. Les grands-parents, oncles et tantes ne sont plus aussi reliés au noyau familial que dans un passé encore proche. Les enfants sont d'autant plus surinvestis, affectivement et dans l'imaginaire, qu'ils sont moins nombreux. Les problèmes éventuels sont ainsi en danger d'être amplifiés, alors qu'une relativisation des conflits par le contact avec d'autres médiations pourrait aider à une certaine dédramatisation propice à l'établissement de la « distance » dont nous parlions précédemment. Le « travail », les « rythmes de vie infernaux » ne sont-ils pas parfois de subtils alibis pour éviter de regarder en face les problèmes ? Et s'ils n'en sont pas, est-il bien « normal » de s'en accommoder aussi aisément ?

De ce point de vue, les occasions de contact entre enfants ou adolescents peuvent entraîner des échanges fructueux.

> *Ainsi Xavier, confronté dans sa famille à une éducation particulièrement sévère et rigide, nous fut présenté, en consultation psychologique, comme un adolescent participant peu à la vie scolaire, ayant des difficultés à mémoriser les apprentissages intellectuels et ne pouvant aborder les jeunes filles de sa classe. L'inhibition qui le caractérisait l'enfermait dans sa solitude. Inscrit à un groupe de loisirs pour jeunes de son âge, il s'attache à un adulte qui devient son confident et l'incite à participer à diverses activités, d'expression corporelle notamment, où il retrouve le plaisir à habiter son corps, l'assurance devant les autres. Il se situe alors autrement vis-à-vis de ses parents ; certes il ne les a point changés, mais lui s'est transformé sans pour autant les rejeter ou les agresser. Au-delà de la sévérité de leur comportement, il a pu éprouver leur affection réelle et, même si leur confiance en lui était mesurée (comme aussi d'ailleurs en eux-mêmes !), comprendre qu'au fond il avait eu aussi besoin d'eux.*

Les parents ont donc, face à l'enfant aux prises avec une situation complexuelle, à manifester leur disponibilité affective. Disponibilité de celui qui cherche à se mettre à la place de l'autre, à écouter ses besoins, à lui faire sa place, l'accepter tel qu'il est et communiquer avec lui comme avec un être différent, autonome dans ses désirs. Ceci s'accompange donc d'un intérêt par rapport à ce que vit l'enfant, ce qui fait ses douleurs comme aussi ses joies, ce qu'il dit : car s'intéresser à l'autre commence souvent par la qualité de l'écoute, la recherche d'un temps de disponibilité et d'une attitude témoignant ce souci de l'entendre.

3. Nommer ou non le complexe

Il convient cependant, lorsque l'enfant est aux prises avec une situation-problème qu'il ne peut dépasser, d'éviter d'en faire « le cas » sur lequel toute la famille se penche et donne son avis. Il s'agit avant tout de faire confiance, de lui permettre de résoudre des difficultés dans le temps qui lui sera nécessaire, en respectant ses problèmes. Il ne sert à rien de gloser de son sort, devant lui ou derrière son dos. Dans le cas d'un enfant infirme ou handicapé, les parents en parlent avec lui, en utilisant des phrases imagées qu'il peut comprendre et en lui demandant de verbaliser la manière dont il se ressent par rapport aux autres enfants. Ils lui présentent les progrès qu'il peut atteindre et les efforts qu'il peut donc fournir. Une information est aussi à donner aux autres enfants pour qu'ils acceptent cette différence et aident leur frère ou leur camarade, sans l'isoler ou le rejeter.

Certains parents, confrontés ainsi à la réalité d'un enfant qui « pose des problèmes », trouvent une certaine réassurance, un réel réconfort, dans le fait de pouvoir « mettre un nom » sur la « maladie » de leur enfant : complexe d'Œdipe, sentiment d'infériorité ou de supériorité... D'un côté, cela sécurise, on sait où l'on en est, puisque c'est une « maladie » qui a un nom, elle est donc reconnue, « normale » en quelque sorte. Pour certains, le fait de nommer est une manière de mieux comprendre le problème, donc de s'y attaquer au mieux.

Mais il faut aussi constater que cela s'accompagne chez certains d'une attitude de mise à distance, par cette «maladie» qui sert à enfermer l'autre, l'enfant, dans une étiquette pour le laisser là. Cela se produit déjà à propos des mesures psychologiques prises sur les performances intellectuelles à certains tests et après lesquelles l'individu en est plus ou moins réduit au nombre indiqué par son Q.I., c'est-à-dire le Quotient Intellectuel: calculé à partir d'épreuves psychologiques, il situe les résultats de chaque individu par rapport à ceux d'un groupe comparable. Un Q.I. de 100 est ainsi considéré comme un résultat moyen, donc «normal».

Le «spécialiste» a parlé, donc c'est scientifique, donc c'est vrai. On prend trop l'habitude de demander aux «spécialistes» de résoudre les difficultés à notre place! Or, nous ne voudrions pas que ce livre puisse être lu comme une suite de «trucs», de recettes-pour-bien-accommoder-les-enfants-complexés: il s'agit de permette aux parents, aux éducateurs, de prendre un certain recul par rapport à ce qu'ils vivent et d'essayer d'évaluer ce qui se passe. Ce premier temps est essentiel: se mesurer soi-même face à l'événement, être soi et c'est déjà l'essentiel, sans paniquer ni minimiser les problèmes. Et, ensuite, si ces éléments initiaux et personnels ne suffisent pas, prendre des avis plus compétents: ceux des différents «psy»: le psychologue du Centre de Santé, du Centre Médico-psycho-pédagogique, le psychothérapeute, le pédopsychiatre — le psychiatre d'enfants — ou le psychanalyste. Mais nous allons revenir sur ces points un peu plus loin.

Il s'agit surtout de comprendre ce que vit l'enfant dans la situation qui est la sienne et de croire en lui, en ses capacités de résolution du problème, comme aussi dans les nôtres. Car c'est dans cette confiance en vous, et cette volonté de sortir du conflit, que résident les meilleures chances effectives de réussite. Le psychologue ne peut rien faire d'autre que faciliter ce mouvement, en restaurer l'élaboration si votre confiance en vous-même est défaillante, il ne peut rien faire à votre place.

Le regard, donc, porté sur l'enfant, la confiance qui lui est faite, l'autonomie qui lui est permise, c'est de cela même que sa personnalité va se nourrir pour se constituer. Si vous avez confiance en lui, il aura confiance en ses possibilités. Si vous ne cessez d'épier ses moindres gestes en craignant le pire, sans doute ce pire va-t-il arriver... mais c'est que votre attitude de méfiance perpétuelle aura enfermé votre enfant dans cette seule direction !

SCÈNES DE LA VIE FAMILIALE...

Françoise - 10 ans

- *Françoise saute à la corde. Elle s'est dessinée en premier avec beaucoup de soin.*
- *le père dans son fauteuil la regarde en fumant la pipe (?!)*
- *la mère suce une fleur... et fait la cuisine*
- *le couvert est dressé sur une table dessinée en dernier.*

Outre l'aspect traditionnel de la distribution des rôles dans cette famille, on notera la « distance » de Françoise par rapport à ses parents, l'aspect « contemplatif » du père représenté sans main, la mère avec une fleur dans la bouche, sorte d'équivalent de la pipe du père et représentation symbolique d'une revendication phallique.

A ce jour, chez Françoise, les notations orales sont nombreuses (table, plats, fleur et pipe à la bouche). Les relations avec les personnages parentaux paraissent difficiles. Le père en particulier est vécu de manière très ambivalente : lointain, mais la fillette cherche à capter son regard. Quant à la mère, confinée dans les tâches ménagères, Françoise trouve qu'« elle est la moins heureuse de la famille ».

Tous ces faits concourent à montrer que cette petite fille est profondément interpellée par son identité sexuée qu'elle n'est pas encore parvenue à asseoir. Au cours de l'entretien, elle demandera plusieurs fois si « on ne change pas de sexe en grandissant ».

Chapitre 10
Les complexes scolarisés

C'est fréquemment sur le chemin de l'école que se révèlent les complexes enfantins quand ils doivent être confrontés, et vécus, à la petite société constituée par les camarades et les maîtres d'école. La relation privilégiée unissant l'enfant à sa mère et son père n'est plus ici de mise : une autre autorité manifeste ses exigences, et ce n'est pas seulement le temps des activités intellectuelles à heure fixe, c'est aussi une activité sociale réglée par une discipline. L'école est ainsi un monde différant profondément de celui de la cellule familiale : elle oblige le jeune être à des relations multiples, chacune d'entre elles, et en particulier celle qui l'unit à l'adulte-enseignant dans sa classe, se révélant, en apparence du moins, éloignée du modèle relationnel très affectivé connu dans la famille.

La première rencontre avec l'école a souvent été préparée par les parents ; ils en parlent, décrivent ce nouveau milieu de manière positive et l'enfant se fait une joie de pouvoir rencontrer de nouveaux camarades de jeux et d'apprendre ce qui est nécessaire pour « devenir grand ».

Aussi bien lorsque certains parents lui disent que « s'il n'est pas sage, on le mettra à l'école où, là au moins, on le vissera », il semble assez naturel que le futur petit écolier manifeste quelque angoisse à l'idée d'aller fréquenter un lieu aussi sévère... C'est que les parents revivent à travers leur enfant l'expérience scolaire qui fut la leur: si elle reste marquée de souvenirs d'échecs et si leur enfant rencontre quelques difficultés, il ne leur sera guère aisé de conserver l'état d'esprit propice à une certaine dédramatisation pourtant ici bien nécessaire et pour accepter de faire entièrement confiance aux enseignants. L'école doit donc être présentée au futur élève de manière à ce qu'il ait plaisir à y aller.

1. L'élève: « machine à apprendre » ?

Trop de parents, et encore quelques enseignants, considèrent que les capacités intellectuelles, uniquement, sont en jeu au cours des apprentissages scolaires. Pour « entrer à la grande école », il ne conviendrait donc de vérifier que des dimensions touchant de près ou de loin à « l'intelligence » ou à la précocité de l'enfant. On sait déjà que la qualité du langage, celle des capacités perceptives (audition, vision...), l'accession à la représentation symbolique, l'établissement de la latéralisation, l'organisation du schéma corporel... aideront à prévoir, dans une certaine mesure, « le temps d'apprendre à lire ».

Non certes, et loin de nous cette pensée, que l'existence de ces capacités ne soit pas à prendre en compte, mais ne réduisent-elles pas la question à sa dimension quasi instrumentale? L'énergie qui alimente ces outils n'est-elle pas, ici encore, l'affectivité de l'enfant, l'envie qu'il a d'apprendre à lire, par exemple? Car il n'est pas, ni à l'école ni chez lui, qu'une intelligence ou qu'une mémoire, à apprendre, reproduire, réciter. Il est aussi un corps qui ressent émotions et fatigues, besoins d'action et de repos; et une affectivité qui éprouve des sentiments, vit des craintes, qui ne se comprend pas toujours. Or l'enseignement français — on l'a beaucoup dit et répété — résulte d'une longue tradition intellectualiste: il s'adresse avant tout à la compréhension mentale chez les écoliers, il leur demande d'être disponible à l'apprentissage des règles de grammaire, des manières de résoudre la règle de trois, de la succession des ères géologiques, et ceci à heures fixes, arbitraires, en tranches de savoir prédécoupées, isolées les unes des autres, comme si les élèves de l'école élémentaire pouvaient ainsi être aussi aisément, et totalement (corps, esprit, affectivité), intéressés et participants à cette mosaïque de connaissances éparpillées et sans logique à leurs yeux !

L'enseignement a longtemps souffert d'être envisagé uniquement comme un dialogue intellectuel, une communication de savoirs essentiellement, au cours de laquelle le maître avait à déverser ses connaissances sur le cerveau de l'enfant, considéré vide, comme une « table rase ». La psychologie a commencé à se demander quelles sont les motivations permettant « d'investir » dans ces apprentissages intellectuels. De même, et dans le cadre des relations sociales cette fois, il a été démontré que la réussite des travaux effectués en petits groupes était fréquemment due plus à la qualité des relations affectives interpersonnelles, et pas toujours très conscientes, qu'à la seule addition, mathématique pourrait-on dire, des « valeurs » respectives des personnes participant à ces groupes.

Si l'école ne prend pas appui sur ce qu'est réellement l'élève, avec ses besoins spécifiques, comment s'étonner alors des critiques qui lui sont adressées et qui, statistiques à l'appui, évoquent les taux de (re)doublement, les « échecs scolaires », la sélection sociale... ? Pour en rester sur la question qui nous préoccupe ici, retenons que l'enfant entre à l'école dans le temps où, du point de vue de son évolution psycho-affective, il achève de résoudre la phase œdipienne. Il ne peut guère «investir» son énergie «affective» sur l'activité intellectuelle, sur les relations avec les objets physiques, s'il n'a pu encore établir des relations «objectales» normales: c'est-à-dire quelle représentation inconsciente il se forme de sa mère, de son père, en tant qu'individus particuliers et différents de lui.

Car acquérir des connaissances scolaires, c'est se montrer capable d'entrer dans les intérêts de quelqu'un d'autre, de se mettre à sa place, de recevoir de lui un savoir, de le posséder en quelque sorte, d'*assimiler* une leçon: lien ici avec le stade oral; puis lien avec le stade anal lorsqu'il s'agit de proposer sa participation, les savoirs que l'on a, de *retenir* une poésie...; c'est *se mesurer* à ses camarades et à l'adulte, donc réactiver en quelque manière la situation de rivalité œdipienne. Dans ces situations scolaires, l'enfant TRANSFERE, en ses conduites, les manières d'être qu'il a apprises au cours de la résolution des conflits qui ont marqué son histoire affective, la relation même qu'il a alors vécue, avec ses éléments conscients et inconscients.

Ainsi la fillette se retrouve-t-elle face à son institutrice comme à la femme adulte dotée d'une certaine puissance d'identification; elle voudrait être comme sa maîtresse: mais cette image peut être voilée par l'écran, la superposition pourrait-on dire, de la figure maternelle, «bonne» ou «inquiétante». Pour un garçon, une certaine forme de «réussite» scolaire peut être vécue comme une position d'affirmation de soi en rivalité avec l'image paternelle et réveiller l'angoisse de castration, alors que la fille vivra parfois la même situation comme une manière de revanche contre «le manque de phallus». On le voit, à travers ces quelques exemples, la structure de la personnalité de l'enfant telle qu'elle s'est établie au cours des premières années de la vie marque de son empreinte les relations que l'enfant noue avec les activités scolaires, comme aussi avec les personnes qu'il rencontre dans ce cadre. C'est sur cette trame que les complexes — qu'ils existent avant l'entrée à l'école, ou qu'ils s'y révèlent — vont se constituer.

L'école est donc un lieu où l'enfant est pleinement vivant, corporellement, intellectuellement et affectivement; les relations sociales qui y sont entretenues peuvent alors permettre de réveiller des sentiments d'infériorité anciens, à partir de situations où l'écolier est conduit à se comparer aux autres, voire à se mesurer à eux, lorsque l'émulation est érigée au rang de motivation essentielle aux apprentissages. L'importance accordée aux « rangs » (« tu es le combien à l'école, cette semaine ? ») signe bien le fait que la situation scolaire est vécue par beaucoup de parents, non comme un travail personnel, mais comme une position de rivalité (« être le premier », « faire mieux que les autres »): en l'espèce, « les autres », ce ne sont jamais les mêmes; — l'on sait bien qu'il suffirait parfois que les parents du premier de la classe déménagent pour que tout espoir d'être enfin le premier soit autorisé... !

De la même façon, un groupe-classe dans lequel certains enfants sont plus âgés risque de voir s'établir des relations de domination, donc peut-être des écoliers rejetés, « complexés ». Dans les cas où les difficultés nées d'une telle situation prennent une place décisive dans les préoccupations de l'un de ces derniers et s'il est, par exemple, encore en doute par rapport à son identité, et à l'affection de ses parents dans le cas d'une situation œdipienne mal résolue, son infériorité ressentie va « envahir » peu à peu les différents domaines de son existence. Chez les adultes, il existe la possibilité de « cloisonner » les domaines: si l'on vit une position d'infériorité relative dans un groupe, nous avons d'autres secteurs d'activité où une valorisation nous permet de tenir «l'équilibre». Tel employé de bureau terrorisé par un «petit chef» impitoyable est aussi ce dirigeant bénévole d'un club de loisirs ou ce délégué syndical «reconnu». Il n'en va pas de même pour l'enfant.

L'éducation des comportements sociaux d'acceptation des autres, «différents», («le plus petit», le «handicapé», ...) s'effectue de manière privilégiée dans le cadre scolaire lorsque les enseignants permettent une certaine expression de la vie sociale: travaux d'enquête, sports d'équipe, groupes d'études,... Si la seule «vie de groupe» tolérée dans la classe est celle qui s'effectue au moment des récréations, ou lorsque le maître a le dos tourné, ces apprentissages sociaux se font ailleurs et risquent de ne pas être «régulés» par l'adulte, organisés et rééquilibrés éventuellement par lui.

Car on sait la dureté des enfants entre eux, peut-être parce que le spectacle des autres, «différents», réveille en eux l'angoisse sur leur identité et leur renvoie une image à laquelle ils ne peuvent s'identifier. Cette absence de régulation peut d'ailleurs s'observer lorsque certains enseignants ou parents, influencés par des lectures rapides d'ouvrages, sur la «non-directivité» par exemple, refusent d'intervenir dans les relations entre enfants, oubliant que leur présence, de ce seul fait qu'elle n'interdit pas, «autorise» en quelque sorte les agissements des enfants, donc aussi les plus régressifs et répressifs... Le pédagogue ne peut guère s'improviser psychothérapeute de groupe! Et il ne suffit pas de «ne pas diriger» pour être «non directif»!!!

2. Le maître: « machine à enseigner » ?

L'enseignant qui rencontre des élèves en situation d'échec scolaire ou confrontés à des inhibitions, des « complexes », est alors dans l'incapacité de poursuivre avec eux son action pédagogique; ces enfants, d'une manière consciente ou du fait de leurs difficultés présentes, ne peuvent être disponibles dans les activités d'apprentissage. Même présents physiquement dans la classe, « ils ne sont pas à ce qu'ils font ». Aussi les diverses tentatives d'ordre pédagogique pour remédier à une telle situation conduisent-elles bien souvent à la résignation des maîtres: « je ne comprends pas », « il n'y a rien à y faire ».

Certains, ayant un peu lu, se défendent de l'angoisse créée par cet échec, — qu'ils ressentent un peu comme aussi le leur —, en proposant des pseudo-explications recouvertes d'un vocabulaire qu'ils qualifient de psychologique: « c'est un caractériel », « elle est complexée », « elle n'a pas liquidé son Œdipe »... S'ils se sentent ainsi « soulagés » de pouvoir rejeter sur une cause identifiée (?!) la responsabilité de cette situation, ils ne disposent pas pour autant de possibilités d'action thérapeutique améliorée, c'est même souvent le contraire.

Or l'enfant « bloqué » se situe par rapport à l'adulte qui est face à lui non dans une relation purement « technique et désaffectivée », mais dans le contact personnel de deux individus (lui et le maître) confrontés à leur propre histoire, à leurs conflits personnels résolus ou non. Car l'ambiguïté du rôle de l'instituteur (ou du professeur) tient sans doute aussi à ce qu'il cumule en lui deux ordres de réalité. D'une part, on lui demande d'être l'éducateur, celui qui doit conduire l'enfant vers certains objectifs fixés par la société; il tend donc, de par ce personnage de « magister », à guider l'enfant vers la maturité de l'âge adulte, en ayant donc le regard fixé au-delà même des moments présents. Mais d'autre part, il se situe face à ses élèves en tant que personne, avec ses composantes psychologiques particulières et ses désirs profonds plus ou moins bien assumés.

Aussi, dans la relation qu'il noue avec ses élèves, doit-il tenir la balance équilibrée entre une position affective suffisamment proche pour que l'enfant se sente compris et accepté mais assez distante aussi pour que l'engagement affectif mutuel ne soit pas incontrôlé. Car le rôle de l'éducateur ne consiste-t-il pas également, et peut-être tout d'abord, à susciter, chez ses élèves, des motivations à apprendre : l'essentiel de la relation pédagogique ne consiste-t-il pas en cette identification réussie de l'enfant à l'enseignant, car l'élève se forme en voulant ÊTRE COMME le maître, celui-là même qui possède le savoir et le statut d'adulte ? Nous savons tous que nos succès scolaires ont pu fréquemment être mis en relation avec l'attirance que nous éprouvions pour tel ou tel professeur : on aime les mathématiques en grande partie à cause du professeur de mathématiques, ... L'enseignant communique donc son savoir à l'élève si ce dernier se sent capable « d'échanger », d'établir un dialogue envers cet adulte qu'il ressent à la fois comme semblable et comme différent, cette similitude même lui permettant d'espérer combler la différence.

C'est donc dire tout le rôle d'une relation maître-élève de qualité et singulièrement lorsqu'il s'agit d'un enfant affecté d'un « complexe » ou risquant de souffrir d'un handicap physique, par exemple. Les enfants sont toujours « intelligents » en quelque domaine et le maître peut prendre appui sur une réussite possible dans cette activité-là pour renouer une relation bloquée : ce peut être la danse, la musique, le bricolage...

Citons à ce propos l'expérience récente vécue par Olivier, jeune garçon peu intéressé par les disciplines scolaires et quel-

que peu infériorisé à ce sujet... Son apathie apparente est la caractéristique que relèvent les divers instituteurs qui ont été ses « maîtres » jusqu'à présent. Or voici que le maître d'école, cette année, lui propose de parler, devant ses camarades, des voitures. Pas des « petites autos » miniatures, ni à partir seulement de photos, non, il s'agit bien de ce que lui connaît des « bagnoles » des adultes.

Quel ne va pas être l'étonnement de cet enseignant lorsque Olivier, passionné par ce sujet où il sent reconnu son désir de participer à des activités de « grandes personnes », propose un exposé très structuré, technique et abordable à la fois, illustré de dessins et d'anecdotes, et rempli de détails témoignant de sa connaissance approfondie de la question! Le jeune garçon va se révéler ensuite très doué pour l'expression écrite — il écrira des poèmes d'une grande sensibilité et très « musicaux ». Rien, semble-t-il dans son comportement antérieur à l'école, ne pouvait aider à déceler pareille richesse. Mais sait-on toujours faciliter le déclenchement de telles réussites par des valorisations, partielles certes mais qui retentiront sur l'ensemble de la personnalité?

Cela suppose sans doute que l'adulte-enseignant puisse resituer les difficultés actuelles de l'enfant « complexé » dans leur histoire ou dans leur contexte, pour qu'au moins il sache ne pas se sentir trop impliqué en tant que personne dans l'attitude présente de son élève: si ce dernier ne fait que répéter — « transférer » — vis-à-vis de lui des modes d'être qu'il a engagés dans ses relations réelles et/ou imaginaires avec ses parents, il doit être possible de se distancier et de dominer quelque peu son « contre-transfert », c'est-à-dire ses réactions propres au transfert de l'élève et qui lui viennent de sa propre histoire. Eduquer, c'est aussi aller vers une meilleure connaissance de soi... Et commencer par être « maître »... de soi!

3. Pédagogies: rééducations?

La prévention et le traitement éventuel de certains « complexes » passe donc tout d'abord par ces relations interpersonnelles et leur qualité. Mais il importe également de remarquer que certaines formes de pédagogie semblent plus propices que d'autres à établir un climat scolaire épanouissant. Beaucoup d'entre nous ont ici à l'esprit le travail remarquable entrepris dans des classes « FREINET »* par exemple, lorsque l'expression de l'enfant est facilitée par l'imprimerie à l'école, le texte libre, la méthode naturelle de lecture, les échanges interscolaires, la coopérative... VASQUEZ et OURY ont montré comment, dans la classe où F. OURY reçoit ces enfants classés ailleurs comme des « cas », s'opère une régulation des échanges sociaux, une maîtrise progressive des relations affectives assurant ainsi une certaine « liquidation des complexes ».

Dans ces classes « nouvelles », le groupe d'enfants retrouve une possibilité d'expression et de proposition, sans toutefois que le rôle de l'enseignant disparaisse. Car c'est lui qui représente dans la classe l'adulte, le différent, l'« autre » qui peut voir les problèmes d'un point de vue plus large et intervenir en médiateur entre les enfants, élucidant les difficultés sans forcément d'ailleurs leur trouver lui-même la solution retenue en définitive. Car la classe n'est pas une « jungle » où devrait régner le principe du plus fort. C'est un lieu d'apprentissage social dans lequel le maître, ou l'institution, représente la *Loi* sociale, celle qui gère les échanges interpersonnels au nom de finalités, de valeurs.

Aussi veille-t-il à ce que chacun ait sa place dans le groupe, que le « cancre » n'en soit pas systématiquement rejeté, que celui qui bégaie puisse trouver sa place lors de la distribution des rôles pour la pièce de théâtre de la fête de l'école, que le handicapé physique ne soit pas l'objet des rebuffades de ses voisins... « Votre camarade a des difficultés parce qu'il est timide, qu'est-ce que vous en pensez? » : une parole collective, sous la direction de l'enseignant, peut chercher à expliciter l'origine des conflits et viser à dédramatiser leurs conséquences. Cela demande sans doute du doigté et une attention à la personne, à « la psychologie » de chacun.

Ajoutons enfin, et pour arrêter là cette rapide présentation des problèmes tels qu'ils se posent dans le cadre scolaire, que l'institution scolaire elle-même, confrontée aux difficultés rencontrées par des élèves de plus en plus nombreux, a organisé certaines formes de prise en charge psychologique : pour ce qui concerne les blocages affectifs ou les « complexes », les Centres Psycho-Pédagogiques ou les Groupes d'Aide Psycho-Pédagogiques (GAPP) assurent des consultations et entreprennent rééducations et psychothérapies.

Ainsi, certains « rééducateurs » en « psychopédagogie » permettent-ils, en proposant à l'enfant en difficulté des travaux de « pédagogie curative », une expression des conflits sous la forme de textes libres, de dessins dans lesquels l'enfant projette, sous forme symbolique, ses problèmes.

L'attitude d'acceptation de la personnalité propre de l'autre, la relation à deux ainsi instaurée, aident à conduire l'élève vers une meilleure intégration de ses tendances et un investissement affectif sur les activités scolaires. C'est donc là une action pédagogique qui prend en compte le MOI conscient de l'enfant et assure une relation de soutien psychologique, sans « interpréter » les conduites de l'enfant.

Il reste que pour l'ensemble de l'action de l'école, ce n'est pas seulement en constituant des structures spécialisées pour traiter les enfants en difficulté que la responsabilité de l'institution scolaire est dégagée. Comment exerce-t-elle sa nécessaire entreprise préventive : sur quels critères recrute-t-elle ses maîtres, quelle formation psychologique initiale leur assure-t-elle, quels moyens effectifs de se recycler et d'analyser ces relations interpersonnelles dont nous avons marqué l'importance leur propose-t-elle... ? La psychologie n'est-elle pas trop fréquemment sollicitée pour élaborer des moyens de mieux connaître les enfants afin seulement de les mieux contrôler ?

Chapitre 11
Les complexes en traitement

Le « complexe » se constitue ainsi à partir d'éléments tirés de l'histoire même du sujet qui interagissent avec des problèmes relationnels à la suite de particularités physiques ou de circonstances traumatisantes : nous avons recherché quelques-unes des causalités possibles, démarche indispensable si l'on veut se donner les moyens d'agir efficacement lors des situations qui résistent aux mesures évoquées à propos de la famille et de l'école. L'établissement d'un diagnostic approprié à la nature du problème, c'est-à-dire qui prenne en compte tant les aspects médicaux éventuels que les problèmes de nature psychologique, initiaux ou réactionnels, est alors une étape à envisager.

Déjà la médecine scolaire, lorsque ses services y sont organisés en effectif suffisant, permet une première détection des difficultés sensorielles et organiques que peut présenter un enfant : on imagine mal en effet le nombre d'écoliers handicapés dans leur scolarité et perturbés dans leurs relations du seul fait de déficits visuels ou auditifs, par exemple, qui n'avaient pas été remarqués à temps. Il nous est arrivé de recevoir en consultation psychologique un écolier « triplant » son cours préparatoire (première année de l'école primaire) et suspecté de « dyslexie » : l'observation attentive de cet enfant nous montra qu'il s'agissait d'un garçon particulièrement intimidé face à ses maîtres et dont les troubles visuels auraient normalement dû entraîner une consultation ophtalmologique, ce qui fut fait, mais trois années trop tard. Les difficultés psychologiques occasionnées par ce vécu d'échec durent aussi être traitées.

Dans les cas de handicaps physiques, s'impose donc tout d'abord cette visite chez le médecin spécialisé qui peut établir le diagnostic et proposer aux parents des rééducations spécifiques ou l'intervention, dans certains cas, de la chirurgie esthétique. Tout ce qui peut contribuer à perturber un enfant, à l'installer dans une position où il ne comprend pas ce qui lui arrive, nécessite donc que l'on y réagisse en faisant appel aux interventions de ceux qui ont élaboré une compétence sur cette question. Il reste que le « complexe » est une formation particulière de blocage d'ordre psychologique et que c'est plutôt de cet aspect du problème que nous allons à présent nous occuper.

1. Psychologie et institution scolaire

Il existe tout d'abord des services psychologiques dont la fonction est d'assurer un dépistage des divers troubles psychiques et qui commencent donc par pratiquer, sous différentes formes allant de l'utilisation de tests à l'entretien avec l'enfant en passant par des observations en situation scolaire ou de jeux, un examen psychologique de l'enfant.

La psychologie scolaire est pratiquée, dans l'enseignement élémentaire, par les psychologues scolaires, recrutés et formés dans le corps professionnel des instituteurs. Ce psychologue, ancien instituteur donc, est rattaché administrativement à une ou plusieurs écoles; son passé de pédagogue devrait, dans l'esprit au moins de ceux qui ont institué cette fonction, lui permettre de se faire bien accepter de ses collègues instituteurs et d'entreprendre avec eux, dans le cadre plus particulier des Groupes d'Aide Psychopédagogique, une action préventive et thérapeutique concertée face aux écoliers en difficulté. Au terme d'une formation spécialisée de deux années, il a donc pour tâche d'examiner de manière plus spécifique et approfondie que le maître d'école ces « enfants-problèmes », de dépister les écoliers inadaptés par une observation précoce, continue et générale.

Les Centres d'Information et d'Orientation, dans l'enseignement secondaire, peuvent également exercer une action de ce type et leur personnel être consulté dans le cas d'un élève souffrant d'une situation qui le met en difficulté psychologique et relationnelle. De même, les Centres Psycho-Pédagogiques, créés précisément pour traiter les enfants et adolescents perturbés affectivement, assurent des consultations psychologiques puis proposent des thérapies, individuelles ou collectives, à orientation psychanalytique.

2. Psychologie et diagnostic

Le diagnostic psychologique est assuré dans le cadre d'une relation interpersonnelle: le psychologue s'efforce de comprendre ce qui se joue dans l'affectivité de l'enfant; aux compétences techniques qui sont les siennes sur le plan de l'entretien, il ajoute fréquemment l'appui des épreuves psychologiques dites « projectives »*, ces tests que le public commence à bien connaître. On sait en effet que l'enfant exprime, à travers la manière dont il dessine, sur un thème libre ou sur un sujet proposé par le psychologue, les difficultés qui sont les siennes sur le plan de sa personnalité. Quelques exemples en ont été proposés au fil des pages précédentes.

De même, les réponses que l'enfant fournit à des situations peu structurées — que l'on pense ici aux planches présentant des «taches d'encre» — indiquent comment il organise, sur un mode inconscient, ses perceptions, et comment il ressent les interventions de l'environnement: les tendances profondes de son psychisme peuvent ainsi être, d'une certaine manière, relues à travers les modalités de ses réponses. On peut encore lui demander de construire une histoire à partir de planches représentant des animaux confrontés aux différentes situations qu'il rencontre au cours de son évolution psycho-affective (oralité, analité, relations aux parents, situation œdipienne...): le test de Patte Noire aide alors à inventorier les nœuds problématiques du psychisme enfantin.

3. Psychologie et psychothérapies

Le psychothérapeute est celui qui se sert de la relation qu'il noue avec l'enfant pour agir sur les difficultés de ce dernier; les méthodes psychothérapiques ici utilisées doivent tenir compte de l'originalité du psychisme enfantin, en particulier de l'état du développement affectif.

Cette question a été longuement discutée: il s'agit en effet de savoir si l'enfant peut suivre une psychanalyse de même type que celle proposée aux adultes.

La psychothérapie infantile utilise fréquemment des situations de jeux: les marionnettes aident l'enfant à projeter ses problèmes propres sur ces personnages, le psychothérapeute facilitant et canalisant à la fois l'expression de ces conflits, en les orientant vers des issues réduisant le décalage entre l'imaginaire ressenti par l'enfant et la réalité. Certains psychothérapeutes travaillent surtout à ce niveau de l'expression symbolique, alors que d'autres analysent devant l'enfant, et interprètent donc, la signification des conduites, des complexes.

Une distinction est à établir ici entre les psychothérapies, selon qu'elles sont conduites ou non par quelqu'un qui a été analysé, qui est passé « par une psychanalyse ». La psychothérapie analytique permet une « écoute » de l'inconscient, alors que le psychothérapeute pratiquant une action « de soutien » vise surtout à traiter les difficultés conscientes, les problèmes rencontrés dans les situations actuelles; visant à renforcer le « moi » du patient, il travaille à restaurer la confiance du sujet en ses propres forces et à lui permettre de se sortir d'une situation délicate et passagère.

La psychothérapie s'appuie ainsi sur la relation de confiance qui va s'instaurer entre le patient et son thérapeute, grâce à la compréhension dont ce dernier va témoigner vis-à-vis de la personne même de l'enfant. Par différentes techniques — jeux, marionnettes, dessins... — celui-ci peut exprimer ses difficultés dans une atmosphère permissive et acceptante, en dehors même de tout jugement sur ce qui est ainsi dit. Les paroles qui sont émises, tant par l'enfant que par le psychothérapeute, sont reçues par ce dernier comme des significations de ce qui se joue en profondeur dans leur relation: l'action par la parole libérante, vraie, permet d'assurer une issue verbalisée aux pulsions enfantines. Avec l'aide du psychothérapeute, l'enfant parvient ainsi à remanier ses identifications et son image de lui-même.

Il va de soi que ces techniques que nous évoquons ici doivent être pratiquées par des personnels expérimentés et qu'il est donc hors de question de prétendre les utiliser dans un autre cadre: le dessin que fait l'enfant l'exprime pleinement, et il a quelque part conscience que ce dessin, à la fois, C'EST A LUI et C'EST LUI. Aussi bien sent-il parfois qu'il lui faut se protéger contre l'intrusion des adultes, s'ils cherchent à s'emparer de son intimité en voulant «interpréter» ses dessins. Il arrive alors fréquemment qu'un enfant, se sentant ainsi dépossédé de lui-même — quand bien même cette attitude relèverait, de la part des parents, d'un souci de mieux le «comprendre» — cesse de dessiner. Or s'il dessine, c'est qu'il peut, par ce moyen, exprimer ces difficultés, et d'un certain point de vue, les «mettre à distance».

Car sa vie imaginaire lui permet de jouer les problèmes de la vie réelle, d'exister en quelque sorte au conditionnel: ces «fantasmes» traduisent les explications qu'il se donne pour maîtriser ses relations à l'environnement, ses angoisses; ainsi, par rapport aux mystères concernant la naissance et la sexualité, tous les éducateurs ont observé quelles «théories» l'enfant est capable de construire pour se représenter le réel. Ils proposent alors l'explication exacte, mais l'enfant résiste, au moins en surface, à cette parole vraie: il va lui préférer quelque temps encore ses propres images «fantaisistes». Mais il peut survenir que cette vie imaginaire soit le lieu d'angoisses, de drames que le sujet ne peut résoudre: il est pris par ce complexe de forces inconscientes; la psychothérapie, par la relation de «transfert» de cet enfant au thérapeute — sans interpréter ce transfert dans les psychothérapies non analytiques —, s'appuie sur le désir de l'enfant de sortir de ses difficultés.

Avant de conclure sur cette présentation des psychothérapies de l'enfant, évoquons les recherches conduites actuellement sur les «psychothérapies familiales» qui mettent l'accent sur les changements de la structure familiale plus que sur ceux de l'individu. Il s'agit de réapprendre aux membres de la famille à communiquer entre eux, en prenant en compte les paradoxes de la réalité dans certaines de ces techniques. C'est ce qui se joue entre les membres de la famille, considérée alors comme un « système », qui a de l'importance pour ces thérapeutes et c'est dire que toute la famille est concernée et associée aux processus de soins engagés.

Dans ces différentes formes ou modèles de psychothérapies il s'agit donc de faciliter une certaine réappropriation par l'enfant d'une conscience plus lucide de ce qu'il vit. Cette prise de conscience lui est d'ordinaire voilée par l'intervention de mécanismes psychiques propres à assurer une certaine défense du «*moi**» de l'enfant contre la force de ses pulsions inconscientes : citons par exemple le REFOULEMENT, lorsque le sujet cherche à maintenir dans l'inconscient des représentations liées à une pulsion, afin d'éviter par là un conflit avec d'autres réalités psychologiques de l'individu; ainsi des pulsions sexuelles refoulées conduiront-elles le sujet à se défendre de toute évocation sexuelle.

Une autre illustration est fournie par la SUBLIMATION lorsque la pulsion est dérivée vers un autre but valorisé socialement (l'activité intellectuelle et artistique par exemple) : le choix d'une profession chirurgicale peut parfois, par exemple, être lu comme la sublimation de pulsions sadiques.

La REGRESSION, quand l'individu reprend des modes de réactions qu'il a connus à une époque antérieure : nous l'avons évoquée à propos de l'enfant confronté à l'arrivée d'un bébé dans la famille; l'énurésie, la recherche accentuée de tendresse, sont alors caractéristiques d'une telle régression. La PROJECTION consiste à attribuer à l'autre des sentiments que l'on éprouve soi-même; l'agressivité que le garçon ressent à l'égard de son père est retournée: «c'est le père qui lui en veut». L'INTROJECTION, par laquelle on incorpore, inconsciemment, un objet ou une personne: l'Œdipe s'achève chez le garçon par l'introjection des interdits parentaux et ouvre ainsi la voie à la formation du SURMOI. Les mécanismes de défense constituent des procédés utilisés par le psychisme pour régler ses rapports avec son inconscient: à ce titre, ils se retrouvent chez toute personne et sont donc à considérer comme tout à fait normaux.

Dans les activités proposées en psychothérapie — modelage, dessins, marionnettes, histoires, contes, ... — l'analyste est attentif à ce que l'enfant exprime sous forme symbolique; il pourra proposer lui-même d'autres issues possibles aux histoires qu'imagine l'enfant, lui donnant ainsi à entendre que les conflits qu'il est en train de vivre pourraient être résolus autrement. C'est souvent cette projection symbolique qui assure l'efficacité du traitement et permet à l'enfant d'accommoder ses représentations à la réalité des faits et des relations.

Ainsi dans le cas d'un garçon souffrant de boulimie, la psychothérapie doit-elle être fréquemment indiquée, en complément nécessaire au régime alimentaire dans la mesure en effet où l'enfant boulimique est réticent face à ce régime ou ne peut en supporter les exigences. La psychothérapie visera à faciliter par l'enfant la compréhension de l'origine de ses difficultés, de ce qu'il cherche à compenser par l'ingestion de nourriture: l'expression de ses angoisses, l'analyse qu'il peut en conduire avec l'aide d'un psychothérapeute perçu comme bienveillant, aidera à lever les obstacles à l'engagement dans le régime. Le bénéfice qui est alors escompté de cet amaigrissement «normalisateur» est de retrouver des relations gratifiantes avec les camarades de jeux et de classe.

L'enfant qui parvient à s'accepter tel qu'il est, à investir ses intérêts dans les activités ludiques et scolaires qui sont de son âge, est ainsi conduit sur la voie de la résolution des « complexes » dont il souffre et qui entravent sa relation aux autres et le font vivre dans l'angoisse.

Conclusion
Car chaque enfant est unique

Pour ne pas conclure...

Les « complexes » qui conduisent l'enfant à vivre dans l'angoisse ou à n'avoir que des relations de conflit avec son entourage ne peuvent donc toujours être traités directement, et se résoudre, par l'action de la famille ou de l'école. L'intervention psychologique s'avère alors nécessaire; voilà où nous sommes parvenus.

Mais, puisque vous êtes encore là à nous lire, sans doute est-ce parce que, avant même de vous former un jugement définitif ou de prendre quelque décision, vous avez tenu à mieux comprendre ce qui se passe dans la tête, les sentiments et le corps de l'enfant. Aussi avez-vous retenu le rôle formateur de ces conflits; l'enfant les traverse pour parvenir à construire sa personnalité dans l'autonomie et le sens des relations interpersonnelles.

Le complexe d'Œdipe et celui de castration constituent les noyaux organisateurs de notre manière de nous vivre et d'entrer en contact avec les autres. C'est à partir de cette organisation fondamentale que des circonstances particulières, accidentelles, sociales, ... pourront aboutir à créer ce que l'on appelle, un peu rapidement selon nous, des « complexes ».

Si quelqu'un entreprend de résoudre lui-même ses « complexes », cela suppose déjà qu'il s'est aperçu qu'il en est affecté, alors que fréquemment on n'est guère conscient de ce qui nous « bloque » — et ce sont souvent les autres qui nous voient « complexé »! Mais nous avons remarqué la difficulté à compter sur la seule « volonté » pour sortir de manière satisfaisante de cette situation. C'est que notre personnalité n'est pas totalement modifiable et que la structure que lui ont imprimé les complexes initiaux est celle qui va demeurer, quasi invariante. Ainsi pourrait-on dire que toute personnalité est affectée de complexes!

Lisons ce que FREUD écrivait à ce propos : « un homme ne doit pas lutter pour éliminer ses complexes mais pour s'accorder avec eux; ils sont légitimement ce qui dirige sa conduite dans le monde ». Non pas supprimer ces complexes, mais s'accorder avec eux... Dans cette attitude n'entre aucun fatalisme : elle rappelle tout le poids des années de formation de l'homme et de ce qui aura pu alors être engrangé.

La confiance en soi, nécessaire pour adopter avec une certaine sérénité une telle attitude, se forge au cours des relations de l'enfant avec ses proches. Cette conscience d'exister tel que l'on est représente un capital, une assurance sur l'avenir : la capacité à écouter l'enfant, à tenir compte de sa présence, de ses désirs, de sa personne, l'aide à naître à la vie relationnelle.

Etre de chair, d'émotions, de réflexion et de langage, l'enfant exige une parole vraie de l'adulte et la possibilité, aussi, d'être entendu par lui, dans ses questions et ce qu'il vit maintenant. Voir les problèmes que rencontre l'enfant sous un angle quelque peu différent de celui sous lequel on les envisage habituellement devrait donc constituer un préalable indispensable : car chaque enfant est unique dans sa condition humaine et ne cesse d'interpeller les adultes qui le côtoient.

Repères...
afin de poursuivre la réflexion

I. SUR LES TRACES DE QUELQUES AUTEURS..., p. 177

- Bruno BETTELHEIM
- Gilles DELEUZE et Félix GUATTARI
- Sigmund FREUD
- Carl Gustav JUNG
- Mélanie KLEIN
- Jacques LACAN
- Wilhelm REICH

II. SUR QUELQUES QUESTIONS..., p. 191

- L'Hospitalisme
- Le moi
- La naissance sans violence
- L'Œdipe : complexe universel ?
- Les techniques projectives

III. A PARTIR DE TEXTES : BIBLIOGRAPHIE COMMENTEE..., p. 201

- J. de AJURIAGUERRA : Manuel de psychiatrie de l'enfant.
- V. AXLINE : Dibs.
- Ch. BAUDOIN : L'âme enfantine et la psychanalyse.
- J. CLERGET : Etre père aujourd'hui.

- P. DAVID: Psychanalyse et famille.
- F. DODSON: Tout se joue avant six ans.
- F. DOLTO: Psychanalyse et pédiatrie.
- C. FREINET: Les techniques FREINET de l'Ecole Moderne.
- A. FREUD: Initiation à la psychanalyse pour éducateurs.
- S. FREUD: Trois essais sur la théorie de la sexualité.
- J. LAPLANCHE et J.B. PONTALIS: Vocabulaire de la Psychanalyse.
- S. LEBOVICI et M. SOULE: La connaissance de l'enfant par la psychanalyse.
- M. MANNONI: L'enfant arriéré et sa mère.
- G. MAUCO: Psychanalyse et éducation.
- G. MENDEL: La révolte contre le père.
- C. OLIVIER: Les enfants de Jocaste.
- J. PIAGET: Problèmes de psychologie génétique.
- A.M. ROCHEBLAVE-SPENLE: L'adolescent et son monde.
- Denis VASSE: Un parmi d'autres.
- D.W. WINNICOT: Processus de maturation chez l'enfant.

I. Sur les traces de quelques auteurs...

Bruno BETTELHEIM

Né à Vienne en Autriche en 1903, il fait ses études à l'Université de cette ville et se rend ensuite aux Etats-Unis en 1939. Auparavant, il aura passé un an dans les camps de concentration de Dachau et Buchenwald. Enfermement qui a fortement retenti sur son expérience personnelle et dont il tirera le concept de « situation extrême », situation vécue par le sujet comme devant irrémédiablement le détruire et qu'il appliquera avec discernement aux psychoses infantiles.

Par la suite, il enseignera à l'Université de Chicago et en 1944, prendra la direction de l'Institut Sonia SHANKMAN jusqu'en 1973, qu'il rend célèbre sous le nom d'Ecole Orthogénique de Chicago. Institution dans laquelle les enfants autistiques sont pris en charge de façon spécifique. BETTELHEIM a cherché à transformer ce « lieu où l'on renaît » en un « milieu thérapeutique total » caractérisé par une extrême disponibilité du personnel soignant où l'enfant a la possibilité d'exprimer ses symptômes... et son inconscient. Il y domine donc une tension et une atmosphère affectives très fortes qui entraînent une sélection rigoureuse des personnes appelées à travailler avec BETTELHEIM.

De fait, ce psychanalyste sans formation médicale est né pour le grand public français en 1974 lorsqu'il accepta d'expliquer à la télévision ses procédures de soins des enfants psychotiques à l'Ecole Orthogénique en compagnie du réalisateur Daniel KARLIN. Les réactions furent très vives dans certains milieux psychanalytiques et psychiatriques où on accusa ni plus, ni moins BETTELHEIM de truquer ses chiffres dans la mesure où il annonçait un pourcentage exceptionnel de guérisons de ces enfants fous.

« Touche à tout » génial, BETTELHEIM est aussi connu pour ses travaux concernant l'éducation des enfants dans les kibboutz israéliens vers lesquels il se tourne avec sympathie. Il en sortira un ouvrage renommé intitulé *Les Enfants du Rêve* dans lequel il s'applique à démontrer— entre autres concepts — que le complexe d'Œdipe est atténué quand la structure familiale est elle-même plus souple dans la mesure où les contacts parents-enfants occupent des moments plus rares mais privilégiés.

Une grande partie de sa réputation tient à l'habileté avec laquelle il a su rendre compte des idées psychanalytiques qui fait de chacun de ses ouvrages des vulgarisations de haut niveau conceptuel. Parmi ces productions, on peut lire avec intérêt:

- *La forteresse vide*, Ed. Gallimard, Paris, 1975, 585 pages. BETTELHEIM expose ici trois cas d'autisme infantile devenus des classiques de la psychanalyse. Il en fait la genèse et développe les thérapies employées. Une autre partie est consacrée aux enfants-loups, mythe tenace. Enfin, la dernière partie est constituée par une discussion sur l'autisme infantile précoce. Un livre précieux et passionnant.

- *Un lieu où renaître*, Ed. Robert Laffont, Paris, 1975, 520 pages. Le fonctionnement de l'Ecole Orthogénique de Chicago. Trop souvent lu comme un manuel de la rééducation. Un ouvrage intelligent et serein sur un problème qui l'est moins.

- *Psychanalyse des Contes de fées*, Ed. Robert Laffont, Paris. Comme son nom l'indique, les contes de fées sont passées au crible de l'interprétation analytique. Les résultats sont étonnants et ... controversés.

- *Survivre*, Ed. Robert Laffont, Paris. 24 essais de l'auteur sur des problèmes contemporains tels le totalitarisme, l'aliénation, l'art, la violence,... 30 ans de la réflexion d'un sage contestataire.

Deleuze et Guattari

Gilles DELEUZE et Félix GUATTARI: dans *L'Anti-Œdipe*, paru en 1972, le philosophe Gilles DELEUZE et le psychanalyste Félix GUATTARI engagent une contestation radicale des positions freudiennes et de l'Œdipe notamment: la centration qu'opère la psychanalyse sur la famille évacuerait selon eux la prise en compte du fait que le champ social dans lequel elle s'inscrit détermine la famille, ses modalités, sa fonction.

Les psychanalystes seraient à la fois dépendants du système social dans lequel ils travaillent — et qui est organisé par le capitalisme — et ils reproduiraient ce système par «l'œdipianisation» forcée à laquelle ils se livreraient: tout doit entrer dans les grilles de lecture préétablies par l'acceptation du complexe d'Œdipe. C'est alors un «familialisme» qui se développe, dans lequel les psychanalystes prétendraient tout enclore. Or ils sont eux-mêmes enfermés dans la logique capitaliste qu'ils renforcent en entravant le désir: si le schizophrène est dit malade, c'est parce qu'il se situe en deçà de l'Œdipe; si l'on rejette le primat culturel instauré par l'Œdipe, le schizophrène peut-il être encore qualifié de malade, demandent DELEUZE et GUATTARI et ils invitent à pratiquer la démarche «schizoanalytique» à libérer le désir, à sortir du «triangle œdipien: papa - maman - la castration».

Quand la psychanalyse indique qu'il faut faire «advenir le Moi là où était le Ça», DELEUZE et GUATTARI renversent la formule: il s'agit de produire l'inconscient, de laisser parler le désir. «La grande découverte de la psychanalyse fut celle de la production désirante, des productions de l'inconscient. Mais, avec Œdipe, cette découverte fut vite occultée par un nouvel idéalisme. A l'inconscient comme usine, on a substitué un théâtre antique; aux unités de production de l'inconscient, on a substitué la représentation; à l'inconscient productif, on a substitué un inconscient qui ne pouvait plus que s'exprimer (le mythe, la tragédie, le rêve)...» (*L'Anti-Œdipe*).

- DELEUZE et GUATTARI: *L'Anti-Œdipe*, Ed. de Minuit, 1972. Mille-Plateaux. Ed. de Minuit. 1980. 648 p.

- CHASSEGUET-SMIRGEL J.: *Les chemins de l'Anti-Œdipe*, Privat, Toulouse, 1974, 172 p. Quelques réponses des psychanalystes aux positions exprimées dans *L'Anti-Œdipe*.

Sigmund Freud

Sigmund Freud: né le 6 mai 1856 à Freiberg, en Moravie et mort à Londres en 1939; il est considéré comme l'une des figures marquantes de ce siècle. Son œuvre est capitale et il ne pourrait être question de prétendre ici la présenter comme il conviendrait: dans le texte de cet ouvrage, son influence est manifeste; d'autres articles de ce dossier renvoient à des développements particuliers de la psychanalyse.

Rappelons succinctement que Freud a été confronté à une situation familiale rendue complexe par le second mariage de son père, Jacob Freud. Ce dernier avait deux enfants d'un premier mariage, Emmanuel et Philippe. Or Emmanuel a un fils, John, âgé d'un an à la naissance de Sigmund Freud: le neveu plus âgé que l'oncle, le frère qui est en âge d'être le père...

Après des études médicales, Freud commence des recherches en neurologie et s'oriente peu à peu, au contact de son ami Breuer et après un séjour à Paris où il observe les manifestations de l'hystérie dans le service de Charcot à la Salpétrière, vers un autre ordre d'explication des phénomènes hystériques. Il est amené à prendre en compte le processus de refoulement, ce mouvement de mise en oubli de la pensée consciente, pour la compréhension duquel il devra faire appel à l'hypothèse de l'existence d'un inconscient.

La publication avec Breuer, en 1893, des *Etudes sur l'hystérie*, inaugure pratiquement le long chemin qui va le mener à la constitution de la psychanalyse, par la mise à jour lente et douloureuse, et à travers son propre vécu, des processus susceptibles de permettre la compréhension des mécanismes psychiques. La rencontre avec Fliess, et les relations épistolaires suivies qu'il entretiendra avec cet ami, l'aideront à conduire sa psychanalyse: ainsi va-t-il- entreprendre de déchiffrer le mystère œdipien, ce 15 octobre 1897... «j'ai trouvé en moi, comme partout ailleurs, des sentiments d'amour envers ma mère et de jalousie envers mon père, sentiments qui sont, je crois, communs à tous les jeunes enfants. (...) La légende grecque s'est emparée d'une compulsion que chacun peut reconnaître parce que tous en ont trouvé trace en eux-mêmes. Chaque spectateur a été un jour un Œdipe en germe, en imagination, et il est saisi d'horreur devant l'accomplissement de son rêve, représenté comme réel sur la scène, et son horreur mesure le refoulement qui sépare son état infantile de son état présent» (*Naissance de la psychanalyse*).

Un an avant sa mort, Freud écrivait à ce propos: «Je m'autorise à penser que la psychanalyse n'avait à son actif que la seule découverte du complexe d'Œdipe refoulé, cela suffirait à la ranger parmi les précieuses acquisitions nouvelles du genre humain».

Parmi l'abondante production écrite que nous a laissé FREUD, indiquons seulement:
- *Cinq psychanalyses*, PUF, Paris, 1954, 423 p. Le lecteur trouvera ici le récit des cinq analyses les plus connues: Dora, le petit Hans, l'homme aux rats, le président Schreber, l'homme aux loups.
- *Totem et tabou*, Payot (texte de 1912). Freud imagine le mythe qui expliquerait le caractère universel de l'Œdipe: un jour, les frères s'unirent pour tuer le père ...
- *Introduction à la psychanalyse*, Payot, éd. 1970, 444 p. Un exposé clair et détaillé, une construction logique et qui mobilise l'intérêt du lecteur: une suite de cours faits par FREUD pendant les années 1915-1916 et 1916-1917 «devant un auditoire composé de médecins et de profanes des deux sexes».

Pour introduire à la lecture de FREUD, et parmi bien d'autres possibles, citons:

- MANNONI O.: *Freud*, Seuil, Paris, 1979, 192 p., coll. Ecrivains de toujours. Ouvrage d'accès facile, richement illustré et nourri de nombreuses citations de FREUD, analyse pénétrante.

- JONES, E.: *La vie et l'œuvre de Freud*, PUF, 1958. Par l'un des proches disciples de Freud et des plus connus, un ouvrage précieux.

- ANZIEU D.: *L'auto-analyse de Freud*, PUF, Paris, 1975, 2e éd. Une étude très détaillée de la découverte de la psychanalyse.

- MOSCOVICI S.: *La psychanalyse, son image et son public*, Paris, PUF, 1961. Une analyse des représentations sociales de la psychanalyse: ce que l'on en retient le plus volontiers....

Carl Gustav Jung

Carl Gustav JUNG: ce psychiatre suisse (1875-1961) fut l'un des premiers et des plus brillants disciples de Freud qui le considéra même, un temps, comme son « fils spirituel », Les routes des deux hommes se séparèrent toutefois dès 1913, JUNG s'opposant en particulier à la place selon lui excessive accordée par FREUD à la pulsion sexuelle. La conception que chacun d'eux se forme de la libido diffère profondément: JUNG l'analyse avant tout comme l'expression psychique de l'énergie vitale.

Il existerait, selon les positions jungiennes, des structures universelles identiques de la psyché, appelées « archétypes » : ces « modèles premiers » seraient donc des manières instinctives de se comporter, des sortes de « complexes » innés. Ils traduiraient ainsi l'existence d'un « inconscient collectif », ce « prodigieux héritage spirituel de l'évolution du genre humain, qui renaît dans chaque structure individuelle ». Les mythes, les contes, les rêves, les fantasmes révéleraient cet inconscient dans les symboles qui les parcourent. Plus que la thérapie freudienne articulée autour de l'Œdipe et de ses avatars, c'est par une analyse reliée aux grands mythes de l'humanité que la psychothérapie d'inspiration jungienne se veut alors efficace.

Car cet inconscient collectif fournit un élément essentiel dans la compréhension des névroses. Ces symboles universels seront amenés à la compréhension du sujet et à son acceptation : ainsi pourront être élucidés ses « complexes » personnels.

C'est JUNG qui paraît être à l'origine de l'emploi du terme de *complexe* : à partir d'un test d'association de mots, dans lequel le sujet est invité à dire quel mot lui vient à l'esprit lorsque le psychologue lui fournit un mot inducteur, pris dans une série de cent, JUNG constate des blocages de la part des individus soumis à l'expérimentation, et face à certains mots. Tout se passerait donc comme si le Moi du sujet était alors troublé, come si le mot inducteur avait rencontré un « complexe » inconscient.

Dans son élaboration théorique, JUNG utilise les notions d'animus et d'anima pour indiquer que chaque individu possède en lui « l'image de l'âme » caractérisant le sexe opposé: il y a de l'anima chez l'homme et de l'animus chez la femme. Les modalités du rapport que chacun entretient avec son image complémentaire permettent d'affiner la psychologie individuelle et différentielle.

De même JUNG évoque-t-il «l'ombre», — l'ensemble de l'inconscient —, cet archétype qui symbolise les contenus refoulés de la vie consciente, et la «persona», le personnage social, cette formation de compromis qui permet à l'individu de se situer face aux autres, de présenter une certaine image de lui-même.

De tonalité plus «spiritualiste» que la psychanalyse freudienne, la démarche jungienne se situe comme une «psychologie des profondeurs», une «psychologie analytique». Elle semble retrouver aujourd'hui une nouvelle audience.

- JUNG C.G.: *Dialectique du moi et de l'inconscient*, Paris, Gallimard, 1964. Ce livre, qui date de 1934, présente l'expérience de JUNG dans sa pratique psychologique et psychiatrique et illustre les positions théoriques de l'auteur.

- *L'homme à la découverte de son âme*, Ed. du Mont Blanc, Genève, 1950. Illustré de nombreux exemples, un témoignage des préoccupations et des ambitions de JUNG.

Mélanie KLEIN

Mélanie KLEIN : née en 1882 à Vienne, décédée en 1960 à Londres, elle s'intéressa très tôt aux travaux de FREUD et entreprit une analyse avec FERENCZI, célèbre psychanalyste hongrois, puis collabora avec ce dernier en tant que psychanalyste d'enfants dans une polyclinique de Budapest. Après que Karl ABRAHAM l'ait invitée à travailler à Berlin, où elle sera en analyse avec lui jusqu'à la disparition de ce dernier, c'est Ernest JONES qui lui demande de s'installer à Londres. C'est là qu'elle va publier ses ouvrages les plus retentissants et qui ne manqueront pas de soulever d'âpres controverses parmi les milieux psychanalytiques.

Car Mélanie KLEIN, introduite dans les cercles psychanalytiques, comme on vient de le voir, par les noms les plus prestigieux, va élaborer des conceptions très originales à partir de son expérience de psychanalyste d'enfants.

La difficulté de conduire des psychanalyses d'enfants avait été remarquée et FREUD lui-même ne s'y était risqué — et fort indirectement encore — que par l'intermédiaire du père du petit Hans (cf. *Cinq psychanalyses*, Paris, PUF). Mélanie KLEIN élabore une théorie du jeu de l'enfant qui va lui permettre de pallier l'impossibilité de pratiquer l'analyse des enfants sur le modèle des celle d'adultes. Car l'enfant manque de vocabulaire pour s'exprimer et produire des associations libres : il vit au contact quotidien de ses parents et il n'est donc pas seulement confronté à leur image ; au surplus il ne ressent guère le besoin d'entreprendre une psychanalyse.

Le jeu est pour le jeune enfant le moyen d'expression par excellence, où il exprime ses émotions et ses fantasmes. Le jeu constitue ainsi un langage dont l'analyste aura à déchiffrer le texte, le sens caché, sur le modèle de ce qui se pratique par exemple dans l'interprétation des rêves. Dans le jeu, l'enfant peut accomplir ses désirs et recréer une réalité plus sécurisante que celle à laquelle il est quotidiennement confronté : il dispose ainsi de la possibilité de maîtriser, d'une certaine manière, son angoisse, de la « jouer » et de la mettre à distance. L'analyste, par l'interprétation qu'il en verbalise à l'enfant, permet de soulager cette angoisse : ainsi dans son jeu, l'enfant fait se heurter violemment des voitures, mais il n'a pas conscience que ces véhicules représentent son père et sa mère...

Anna FREUD contesta que dans cette situation puisse s'établir une relation de transfert : il ne pouvait donc s'agir d'une relation psychanalytique. Elle proposait, quant à elle, de faire prendre conscience à l'enfant de la réalité de ses troubles ou de ses difficultés, pour lui faire considérer l'analyste comme un thérapeute.

En réponse à ces objections et pour rendre compte de la possibilité de ce transfert, M. KLEIN en réfère à l'existence d'un Surmoi infantile précoce: «l'introjection et la projection fonctionnent depuis le début de la vie post-natale et sont parmi les plus anciennes activités du moi qui, à mon point de vue, se manifeste dès la naissance». Et elle écrit encore: «le surmoi — cette partie du moi qui critique et contrôle les pulsions dangereuses et que FREUD a d'abord situé à peu près dans la cinquième année de l'enfance — fonctionne à mon avis beacoup plus tôt. Je propose l'hypothèse suivante: dès le cinquième ou le sixième mois de son existence, le bébé commence à s'effrayer du mal que ses pulsions destructrices et son avidité pourraient faire, ou pourraient avoir fait, à ses objets aimés», (pp. 49 et 54 de l'article de M. KLEIN repris in Levy A., *Textes fondamentaux de psychologie sociale,* Dunod, 1965).

Le tableau des premiers temps de la vie enfantine que propose donc M. KLEIN diffère singulièrement des représentations traditionnelles: elle décrit cet univers comme dominé par l'instinct de mort et la confrontation de l'enfant à l'angoisse.

En particulier, elle estime que le conflit œdipien intervient très tôt, «il prend sa source dans les premiers soupçons du bébé que son père lui enlève l'amour et l'attention de sa mère» (ibid., p. 51). La frustration que lui impose la mère, au moment du sevrage et de l'éducation à la propreté, modifie la relation qu'il entretenait avec elle: vécue comme castratrice, elle est appréhendée au travers des fantasmes de l'enfant à ce moment-là et qui sont de nature orale et anale. Aussi bien le complexe d'Œdipe tel qu'il a été décrit par Freud serait-il le stade final d'un processus qui commencerait dans la première enfance: «selon moi, le développement sexuel et affectif du garçon et de la fille comprend, *depuis l'enfance la plus tendre,* des sensations et des tendances génitales qui constituent les premiers stades du complexe d'Œdipe positif et inversé; elles sont ressenties sous la suprématie de la libido orale et se mêlent à des désirs et à des fantasmes urétraux et anaux (...). C'est pendant le stade de la suprématie génitale que la situation œdipienne positive atteint son apogée» *(Essais de Psychanalyse,* Payot, 1978, p. 421).

- KLEIN Mélanie: *Essais de psychanalyse,* Payot, 1978. Un recueil d'articles publiés à des étapes différentes de l'œuvre de M. KLEIN.

Psychanalyse d'un enfant, Tchou, 1973, 456 p. Le récit de l'analyse du petit Richard et une démonstration de l'intérêt de l'utilisation du jeu comme méthode de psychanalyse.

- JACQUARD R. : *La pulsion de mort chez Mélanie Klein*, Ed. L'Age d'homme. Initiation claire et assez accessible.
- SEGAL H. : *Introduction à l'œuvre de Mélanie Klein*, PUF.
- GEETS C. : *Mélanie Klein*, Ed. Universitaires, 1971.

Deux ouvrages de présentation, qui situent l'originalité des positions kleiniennes.

Jacques LACAN

Jacques Marie LACAN est né à Paris le 13 avril 1901. Il y est mort le 9 septembre 1981. C'est le plus célèbre psychanalyste français et l'évocation de son seul nom — au moins dans les cercles psychanalytiques — provoque enthousiasmes ou répulsions selon que l'on fasse partie de ses admirateurs ou de ses contempteurs.

Issu d'une grande famille bourgeoise, il effectue ses études au Collège Stanislas. Puis, de formation médicale traditionnelle, il travaille avec CLERAMBAULT — psychiatre français auquel il ne cessera de rendre hommage pour son enseignement clinique — et soutient sa thèse en 1932 sur « la psychose paranoïaque dans ses rapports avec la personnalité ». D'une facture classique, ce travail ne laissait en rien augurer de la suite du cheminement intellectuel de LACAN. Associé un temps aux surréalistes, il lui arrive de publier des poèmes dans des revues littéraires de l'époque et de côtoyer QUENEAU, NIZAN, LEIRIS, ARAGON, DALI, ELUARD. Il fait, en outre, une entrée remarquée dans le mouvement psychanalytique contemporain en prononçant une conférence sur « le stade du miroir » à Marienbad en 1936, lors du XIVe Congrès International de Psychanalyse.

Par ailleurs, il collabore activement, d'une façon volontaire ou non selon les époques, aux multiples remous, conflits et scissions qui agitent et jalonnent la naissance, la vie et le mort des associations psychanalytiques. C'est ainsi qu'il quitte la Societé Psychanalytique de Paris (SPP) — fondée en 1926, véritable matrice de la psychanalyse française — pour créer avec quelques autres la Société Française de Psychanalyse (SFP) en 1953. Une querelle l'opposera ensuite à ceux qui lui reprochent de pratiquer des séances d'analyse à durée variable. La SFP se scindera alors en deux, LACAN partant avec ses disciples pour fonder en 1964 l'Ecole Freudienne de Paris (EFP) qui innove en s'ouvrant aux non-analystes. Il sera le directeur et l'inspirateur de l'EFP qui paraît fonctionner sur le mode du transfert à la personne de LACAN. Il dissoudra l'EFP en janvier 1980 pour lutter contre « les déviations et les compromissions » et lui substituer la Cause Freudienne dans des conditions insolites ou rocambolesques qui en feront un fait divers : les media s'emparent d'une affaire jusque-là réservée aux spécialistes et aux intitiés de la psychanalyse.

Au-delà de ce parcours anecdotique, il faut aussi et surtout compter avec l'apport théorique de Jacques LACAN : théoricien en 1937 du « stade du miroir » : acte fondateur de l'identité humaine qui occasionne un clivage radical entre l'imaginaire et le réel. Il n'est pas possible ici de restituer l'œuvre de LACAN — au demeurant essentiellement orale — pour des raisons de place. Celui-ci vise avant tout un retour « au sens de Freud » où les notions ne seraient pas objectivées mais symbolisées. La pratique psychanalytique portant excluvivement sur des « représentants », des « signifiants » comme l'aime à le souligner Jacques LACAN. A ce jour, il semble que le système lacanien puisse s'énoncer ainsi en connectant deux axiomes célèbres dont il assume la paternité : « l'inconscient est le discours de l'Autre » et « l'inconscient est structuré comme un langage ». Enfin, la formule selon laquelle « je pense où je ne suis pas, donc je suis où je ne pense pas » (l'Instance de la lettre dans l'Inconscient) nous paraît bien rendre compte de l'aspect subversif de la pensée lacanienne en même temps que de sa fidélité à la pensée freudienne où l'homme est dans le discours organisé mais indéchiffrable de l'inconscient.

Alors LACAN génie ou charlatan ? LACAN chaman ou chercheur ? La réponse est peut-être contenue dans ses productions éditées qui sont la retranscription de ses multiples communications, interventions, conférences, exposés, discussions. Citons parmi elles :

- *« Ecrits »*, coll. Le Champ freudien, Ed. du Seuil, 1966, 924 pages. Ils constituent pour certains le Cinquième Evangile apocryphe de la psychanalyse. C'est dire...

Pour introduire à la lecture de LACAN et parmi beaucoup d'autres ouvrages :

- Jean-Michel PALMIER : *Lacan*, Editions Universitaires, Paris, 1972, 152 pages.

- Louis ALTHUSSER : *Freud et Lacan*, La nouvelle Critique, 1964-65, n° 161-162.

- Catherine CLEMENT : *Vies et légendes de Jacques Lacan*, Grasset, 1981, 256 p. A notre sens, le meilleur ouvrage écrit sur ce psychanalyste très discuté. C'est la relation d'un amour mais distancié et maintenant dépassé avec l'auteur des « Ecrits ». Il n'en reste pas moins qu'il s'agit d'une présentation brillante et réussie de LACAN.

Sans oublier qu'Octave MANNONI, Françoise DOLTO, Maud MANNONI, Serge LECLAIRE, Ginette RAIMBAULT, Denis VASSE, ... sont des psychanalystes d'inspiration lacanienne et que François GEORGE a publié un pamphlet détersif intitulé : *L'effet 'yau de poêle de Lacan et des lacaniens*, Hachette, Essais, 1980.

Wilhelm REICH

Wilhelm REICH: né en 1897 dans l'empire d'Autriche-Hongrie, mort en 1957 au pénitencier de Lewisburg en Pennsylvanie, il est l'une des figures les plus complexes de la pensée contemporaine. Redécouvert après 1968, il exerce une influence qui est loin d'être négligeable, quoique les emprunts faits à sa pensée se réfèrent parfois à des moments privilégiés de son action et de ses écrits — l'on distingue ainsi fréquemment une période européenne, qui susciterait l'intérêt, et une phase américaine, où se manifesterait surtout un délire de plus en plus prégnant.

Il reste que REICH fut l'un des premiers à tenter une intégration doctrinale de la psychanalyse et du marxisme. C'est en octobre 1920 qu'il est devenu membre de la Société psychanalytique de Vienne; de FREUD il a beaucoup apprécié les *Trois essais sur la théorie de la sexualité* et l'*Introduction à la psychanalyse*. Mais FREUD, précisément cette année-là, remanie ses conceptions en matière de sexualité: REICH s'écartera de lui sur ces points, conservant des premiers travaux du fondateur de la psychanalyse certes l'affirmation de l'existence de la sexualité infantile, le processus du refoulement et l'origine sexuelle des névroses, mais surtout insistant sur les conséquences sociales et politiques de telles positions, conséquences devant lesquelles FREUD aurait été saisi de crainte. Les modifications théoriques apportées par FREUD à sa doctrine, en particulier la «seconde théorie de l'angoisse» formulée dans *Inhibition, Symptôme et Angoisse* (1926) s'expliqueraient par cette résistance aux remises en cause radicales qu'entraîneraient les découvertes psychanalytiques.

Selon REICH, c'est l'accumulation de tension sexuelle génitale ne pouvant se décharger qui serait à l'origine des névroses et provoquerait l'angoisse, et ce seraient des causes actuelles (interdits sociaux particulièrement) qui expliqueraient ce blocage, tandis que FREUD insiste ici sur l'origine lointaine, dans l'enfance du sujet, de ces inhibitions sexuelles. L'agressivité s'élaborerait sur un mode comparable, faute que le besoin vital puisse être satisfait.

Pour FREUD, il ne saurait y avoir de société sans refoulement sexuel ou sans sublimation; REICH plaide au contraire pour une vie sociale sans répression: son impossibilité actuelle est due au pouvoir de l'autorité patriarcale dans un système familial monogamique et à l'état de soumission et de peur dans lequel le sujet est placé face à l'autorité. Il y a solidarité de fait entre un tel système familial et moral et l'ordre capitaliste. Mettre à bas la morale sexuelle équivaut ainsi à miner les fondements de la société capitaliste et de ses dérives fascisantes.

La psychanalyse classique, en articulant l'économie psychique individuelle autour du complexe d'Œdipe et de l'angoisse de castration, ne ferait que reproduire la position dominante du père dans nos sociétés et contribuerait même à maintenir ce pouvoir, en laissant à croire que l'essentiel se jouerait entre l'individu et ses figures parentales. Et la sublimation proposée comme issue « convenable » à ces conflits ne serait guère préférable au refoulement.

Annonçant ainsi le retour possible à un éden perdu de notre fait, REICH se fait le chantre d'une vie organisée autour du plaisir, où renoncement et castration seraient inconnus, donc sans « père » — au sens où il intervient dans la situation œdipienne.

Après avoir espéré dans le marxisme — il adhère en 1927 au Parti communiste et rédige en 1931 une plateforme de politique sexuelle prolétarienne — il est exclu du Parti communiste allemand en 1933 et de l'Association Psychanalytique internationale en 1934. Il s'installe définitivement aux Etats-Unis en 1939: ses derniers travaux ont contribué à jeter, un temps, un certain discrédit sur sa pensée. Il recherchait alors le moyen de mesurer l'énergie sexuelle et voulait commercialiser des accumulateurs d'orgone, destinés à soigner les difficultés sexuelles et le cancer. Condamné à la prison, ses livres interdits et sa revue publiquement brûlée, il termina ses jours pratiquement rejeté.

- REICH W.: *La révolution sexuelle*, UGE, Ed. 10-18-1968, 384 p. Un exposé des conceptions reichiennes et une confrontation avec le système soviétique.

- *La fonction de l'orgasme*, L'Arche, Paris, 1970, 300 p. Ce texte fut publié tout d'abord en 1927 à Vienne, puis remanié aux Etats-Unis en 1942; on y trouve les positions centrales de l'auteur.

- DADOUN R: *Cent fleurs pour Wilhelm Reich*, Payot, 1975, 416 p. Un texte composé autour de mots-clés, classés par ordre alphabétique, et qui vise à défendre une pensée présentée comme prophétique.

II. Sur quelques questions...

L'hospitalisme

Le terme hospitalisme a été créé par R. SPITZ, psychiatre-psychanalyste autrichien émigré aux Etats-Unis (1887-1974) — pour décrire les conséquences entraînées par un séjour en collectivité, dans des conditions différentes de celles du milieu familial et que celles-là pourraient avoir sur l'état actuel et le développement d'un nourrisson. Selon SPITZ, un long séjour à l'hôpital ou un placement en pouponnière ont des effets nocifs sur l'enfant: la rupture de la relation mère-enfant s'accompagnant d'échanges affectifs plus restreints, des stimulations moins grandes et des conditions d'identification pour le nourrisson plus difficiles à réaliser. Dans un milieu ainsi carencé, SPITZ décrit des enfants qui présentent les symptômes suivants au fur et à mesure que le séjour se prolonge:

- Ils pleurent, crient, trépignent, hurlent (1er mois).
- Les pleurs se transforment en gémissements. Ils perdent du poids et le développement s'arrête (2e mois).
- Ils n'ont plus de contact avec leur entourage. Deviennent insomniaques. La perte de poids s'accentue ainsi que le retard moteur (3e mois).
- A partir du 4e mois, ils perdent toute expression faciale, s'arrêtent de pleurer et le retard augmente.
- Enfin, toujours selon SPITZ, la mortalité serait importante pendant la 1re année.

Pourtant, des réserves sont à faire vis-à-vis de telles descriptions :

- Le retentissement du retard de l'enfant est fonction de la valeur du milieu de substitution offert à celui-ci. Si l'hôpital, la pouponnière ou l'internat sont suffisamment riches en contacts humains, les troubles évoqués sont réduits ou même disparaissent.

- Il est important de prendre en considération le moment de la rupture relationnelle mère-enfant. SPITZ distingue d'ailleurs deux cas selon que la séparation intervienne avant ou après le 8ᵉ mois. Dans le 1ᵉʳ cas, l'enfant n'a pas encore eu le temps d'établir une relation satisfaisante avec la mère et l'on comprend que les séquelles psychiques et physiques puissent être plus graves que dans le second cas où le nourrisson a pu se constituer une image maternelle.

- Bien évidemment, la durée de la séparation joue un rôle non négligeable. Plus elle sera courte, plus l'enfant sera en mesure de combler rapidement le déficit qui a pu s'installer pendant la rupture.

- Enfin, de très nombreux auteurs s'interrogent sur une mortalité aussi importante et remettent en cause la morbidité décrite par SPITZ.

Ainsi donc, dans cette notion d'hospitalisme, de nombreuses variables sont à considérer. Malgré tout, il ne s'agit pas de nier la portée du travail de SPITZ et de ses successeurs — même s'ils ont dramatisé leurs conclusions — car ces recherches ont permis de repenser l'hospitalisation ou le placement en institution des enfants dans le sens d'une plus grande participation de la mère au séjour ou bien de fournir la présence de substituts maternels réguliers. C'est ainsi, par exemple, que dans les hôpitaux, on assiste de plus en plus fréquemment à la mise en place en pédiatrie de services « hospitalisation mère-enfant ».

Sur la notion d'hospitalisme, on peut consulter :

- René SPITZ : *De la naissance à la parole - la première année de la vie*, PUF, Paris, 1968, 321 pages. Ecrit dans un langage simple, cet ouvrage relate avec précision le développement de l'enfant à travers les échanges relationnels entre la mère et le nourrisson. La troisième partie (pp. 151-232) est consacrée à la pathologie des relations mère-enfant.

- Jeanne AUBRY : *La carence de soins maternels. Les effets de la séparation et la privation de soins maternels sur le développement de jeunes enfants*, PUF, Paris, 1955, 188 pages. Cet auteur reprend, élargit, critique et discute les théories de SPITZ.

Le MOI

Terme qui se comprend de façon radicalement différente selon que l'on admette ou non la psychanalyse. En philosophie, il représente, d'une manière générale, la conscience individuelle de l'empirique dans le sujet. Il est, en quelque sorte, le rassembleur de la personnalité. Subjectif, il fonctionne comme entremetteur entre le sujet et l'extériorité du monde.

Il en va autrement dans la doctrine freudienne même si le MOI conserve ses propriétés médiatrices puisqu'il se situe dans la deuxième topique[1] entre le ÇA et le SURMOI[2]. En psychanalyse classique, le MOI est considéré comme l'instance[3] chargée des intérêts de la totalité de la personne ayant à prendre en compte sa réalité psychique et la réalité extérieure. Quoique dominé par le principe de réalité, le MOI ne doit pas être envisagé comme rationnel et logique, au contraire, bien qu'il assure des fonctions d'autoconservation. En partie conscient, en grande partie inconscient, il est le siège des identifications sur lesquelles le sujet se constitue ainsi que des mécanismes de défense qui, eux, visent à réduire voire supprimer les modifications susceptibles de mettre en danger l'intégrité de l'individu.

De telles propriétés ainsi définies rendent cependant mal la complexité de cette instance que FREUD utilisa dès ses premières recherches (1894-1900), l'enrichissant tout au long de ses travaux. Par ailleurs, cette notion du MOI a connu une considérable extension dans

---

[1] *Topique* : hypothèse qui induit une différenciation de l'appareil psychique en systèmes doués de caractères ou de fonctions différentes et disposés dans un certain ordre les uns par rapport aux autres. Ils sont ainsi, métaphoriquement parlant, des lieux psychiques représentables spatialement. Traditionnellement, on considère deux topiques freudiennes : la première qui date de 1900 où Freud distingue l'inconscient, le préconscient et le conscient, la seconde élaborée en 1920 où il différencie MOI, ÇA, SURMOI. Cette dernière ne rend pas caduque la première mais la prolonge et la complète dans la mesure où FREUD fait jouer un rôle de plus en plus prépondérant aux défenses inconscientes.

[2] *ÇA et SURMOI* : les deux autres lieux psychiques de la seconde topique. Le ÇA — terme emprunté à GRODDECK — désigne ce qu'il y a de plus « nature » dans la personnalité. Il est le réservoir des énergies et des pulsions. Le SURMOI se différencie du MOI pour exercer vis-à-vis de lui et du ÇA une surveillance répressive et critique. Il a une fonction interdictive envers les satisfactions pulsionnelles et vise un idéal moral en conformité avec cet interdit. Il a donc une fonction d'idéal. Chronologiquement, il est « l'héritier du Complexe d'Œdipe » selon la célèbre formule de FREUD.

[3] *Instance* : marque les différents niveaux et structures dans la conception topique de l'appareil psychique : instance du MOI, instance du ÇA par exemple.

la théorie psychanalytique où s'affrontent aujourd'hui deux grandes conceptions: l'une à partir de la genèse du MOI par différenciation fonctionnelle sur laquelle nous reviendrons dans quelques instants, l'autre qui définit schématiquement le MOI comme résultant d'opérations psychiques particulières effectuées au contact du monde humain. Les théoriciens de cette option ont alors recherché les moments qui confèrent au MOI sa constitution tels l'identification, l'introjection, le narcissisme ou le stade du miroir. Un retour à la clinique permet d'assurer la fécondité de ces recherches.

Comme nous l'évoquions précédemment, d'autres psychanalystes ont porté leurs efforts sur la constitution d'une théorie du MOI où celui-ci apparaît comme le produit d'une différenciation progressive du ÇA dû à l'influence de la réalité extérieure. De cette idée, naît alors un MOI qui serait le produit fini d'une évolution de l'appareil d'adaptation du sujet. Particulièrement en faveur en Amérique du Nord, d'où son nom d'Egopsychology, ce mouvement a pour représentants les plus connus HARTMANN, KRIS et LOEWENSTEIN. Corrélativement, il faut voir qu'une telle conception de la genèse du MOI entraîne l'introduction d'un MOI « autonome » qui se développerait dans une sphère libre de conflits et qui aurait une visée adaptative. Les réticences sont nombreuses à l'égard de l'Egopsychology car l'on comprend les retombées possibles d'une théorisation ainsi entendue: la psychanalyse clairement envisagée comme moyen d'adapter l'individu à la société dans laquelle il vit.

A ce jour, la conciliation entre ces deux tendances paraît impossible. L'héritage freudien contenait-il en germe la possibilité d'une naissance de deux nouveaux patrimoines incompatibles ?

Pour aller plus loin, on pourra lire avec profit:

- S. FREUD: *Essais de psychanalyse*, Payot, Paris, 1971, 280 pages, plus particulièrement les chapitres intitulés: « Psychologie collective et analyse du MOI » et « Le MOI et le ÇA ». Clair et accessible, FREUD expose dans cet ouvrage d'une façon condensée les principales lignes de ses théories.

- A. FREUD: *Le MOI et les mécanismes de défense*, PUF, Paris, 1972, 166 pages. Ecrit par la propre fille de FREUD, ce livre étaye la pensée du père tout en transformant en partie la doctrine freudienne en une psychologie du comportement chère à la philosophie classique. H. HARTMANN poursuivra le même travail en le radicalisant.

La naissance sans violence

O. RANK et S. FREUD avaient suggéré le caractère traumatique de la naissance. Ils souhaitaient montrer que lors de la naissance, l'enfant est submergé par un afflux de stimulations héritées du milieu extérieur, alors qu'il bénéficiait d'un environnement relativement calme pendant le temps de la grossesse. Sans défense face à des excès d'excitations, le nouveau-né en concevait une angoisse durable qui se manifesterait tout au long de l'existence. FREUD, par la suite, accordera moins d'importance à ce traumatisme initial mais RANK lui fera jouer un rôle central dans le développement de la personnalité où l'angoisse vécue à la naissance constituerait le prototype des angoisses ultérieures de la vie. Ce traumatisme est-il si important que le souligne RANK ou aussi minime que l'indique FREUD ? La question reste d'actualité d'autant qu'elle fut réactivée en 1974 avec la parution du livre F. LEBOYER qui préconisait une méthode d'accouchement « sans violence ». Ouvrage dans lequel il procédait à une description apocalyptique des méthodes d'accouchement traditionnel accompagnée de photographies qui se passaient de commentaires, où l'on pouvait identifier, d'un point de vue adultocentrique, une grande souffrance chez le nouveau-né.

F. LEBOYER proposait donc des conditions qui atténuaient ce traumatisme de telle sorte que l'enfant « vive mieux » sa naissance en procédant à un certain nombre d'aménagements :

- Scialytiques et projecteurs sont proscrits afin que les yeux de l'enfant ne soient pas agressés par une lumière vive, l'accouchement se fait dans la pénombre.

- Les cris des sages-femmes et des accoucheurs traditionnellement proférés ont disparu. L'accouchement a lieu dans le silence et la paisibilité.

- Le temps s'arrête, la patience devient immobilité, la découverte devient contemplation. L'accouchement est, toujours selon LEBOYER, un recueillement.

- Le cordon ombilical n'est pas sectionné immédiatement afin que le passage du milieu utérin au milieu aérobique se fasse lentement et sans tragédie.

- Placer l'enfant sur le ventre de sa mère où il vient se pelotonner, jambes et bras repliés sous lui offrant ainsi un premier contact mère-enfant que LEBOYER analysera plus tard de façon détaillée dans un ouvrage intitulé : *Shantala, un art traditionnel, le massage des enfants*. Document iconographique et didactique où l'auteur insiste sur la nécessité d'accompagner l'enfant en « faisant courir sur son dos l'ombre de l'onde utérine qu'il a connue si longtemps ».

- Puis viendra l'heure du bain, rappel du milieu utérin et l'enveloppement dans un lange chaud de coton et de laine qui contribuera définitivement à libérer l'enfant de son angoisse.

Ces aménagements ont été controversés. Cela va sans dire. Qu'ils concernent la sécurité de la mère ou de l'enfant, les souffrances fœtales rendues malaisées à détecter; d'autres ont tourné en dérision un tel intérêt pour un acte aussi naturel quand ce n'était pas le style franchement lyrique de LEBOYER !

A ce jour, de multiples praticiens s'essayent à mettre au monde des enfants dans des conditions de stimulations atténuées mais de plus en plus, maintenant la question porte sur le devenir de ces enfants : sont-ils plus disponibles aux stimulations extérieures ? plus libres parce que moins angoissés ? plus harmonieux sur le plan de leur développement psycho-moteur ? plus aptes à entrer en contact avec autrui ?... Les enquêtes sur « les enfants LEBOYER » comme on les dénomme — prolifèrent mais il faut bien dire que leur méthodologie peu assurée ne permet pas de conclure avec certitude quand bien même ont-elles tendance à répondre positivement à toutes les questions posées.

- Frédérick LEBOYER : *Pour une naissance sans violence*, Ed. du Seuil, Paris, 1975, 158 pages. L'ouvrage qui a fait connaître LEBOYER et dans lequel il expose sa pratique après avoir donné de l'accouchement traditionnel une description à faire frémir. Simple, clair et... poétique.

L'Œdipe: un complexe universel?

Les recherches anthropologiques ont largement mis en évidence la disparité des modèles familiaux et sociaux de par le monde. En particulier, la place et le rôle du père varient fortement selon les latitudes... La question qui se pose alors au regard des propositions freudiennes est bien celle de la validité générale de cette théorie: en est-il de la même manière de l'Œdipe dans les familles de la bourgeoisie viennoise du début du vingtième siècle et chez les populations dites primitives d'Australie ou d'Amérique du Sud par exemple?

Bronislaw MALINOWSKI (1884-1942), étudiant les relations sociales instaurées parmi les habitants des îles Trobriand, un archipel situé au large de la Nouvelle-Guinée, ne constate pas de rapports d'hostilité entre les enfants et leur père, celui-ci étant même plutôt un camarade pour son fils. De plus l'interdit de l'inceste ne porte pas sur la mère, mais sur la sœur. Sur la base de telles données ethnologiques, MALINOWSKI en vient donc à contester le caractère universel de l'Œdipe.

L'ethnologue hongrois Geza ROHEIM (1891-1953) va reprendre ces recherches directement sur le terrain, en Australie Centrale, en Somalie ainsi que chez les Trobriandais. Son originalité est toutefois de s'être également formé à la psychanalyse, avec FERENCZI. Il répond donc à MALINOWSKI que la structure œdipienne est bel et bien en œuvre aussi dans ces sociétés: elle s'est seulement déplacée sur l'oncle maternel — car le frère de la mère est celui qui incarne l'autorité et exerce la discipline —; c'est envers lui que se porte l'hostilité de l'enfant. La sœur, de même, est alors un substitut de la mère.

Les Trobriandais, ne semblant pas connaître — ou ayant refoulé cette connaissance — du rôle du père dans la procréation, évitent ainsi le conflit possible du fait de l'ambivalence des sentiments envers lui. Le problème est alors élargi du thème œdipien à l'étude des structures mêmes de la parenté. D'autant que ce n'est pas dans la réalité concrète, mais dans les relations psychiques, dans l'imaginaire, que se joue la dynamique œdipienne.

ROHEIM poursuit sa réflexion jusqu'à l'interrogation sur les origines de la culture: elle aurait pour fonction d'assurer la sécurité de l'individu, en lui permettant de conjurer la solitude et l'obscurité, la séparation et la mort. L'analyse des rites culturels et des pratiques magiques comme des projections de rêves d'angoisse est alors engagée au nom de cette « anthropologie psychanalytique » dont la définition pourrait être reprise du sous-titre de *Totem et Tabou*: « interprétation par la psychanalyse de la vie sociale des peuples primitifs ». Dans cet ouvrage, Freud renvoie au crime totémique commis par la horde primitive : les frères se sont unis un jour pour tuer le père, admiré et haï en même temps. Saisis de remords, ils s'identifient à lui et intériorisent une image idéale de sa force et de sa justice. L'ambivalence vis-à-vis du père se manifeste dans ces deux images opposées : le père vengeur et le père protecteur. La prohibition de l'inceste neutralise la rivalité sexuelle latente des frères.

- ROHEIM G. : *Origine et fonction de la culture*, Gallimard, 1972, 178 p. Dans ce texte de 1943, ROHEIM expose, en trois essais, ses conceptions et ses observations sur le sens des phénomènes sociaux comme réponse à des angoisses individuelles.

- DADOUN R. : *Geza Roheim*, Payot, 1972, 320 p. Une excellente initiation.

- LEVI-STRAUSS C. : *Anthropologie structurale*, Plon, 1958. Une reprise contemporaine de la question, par une approche structuraliste.

Les techniques projectives

Ces épreuves psychologiques ont été ainsi dénommées par Lawrence K. FRANK, en 1939, qui voulait signifier par là que ces techniques confrontent l'individu à une situation où il répond selon ce qu'il ressent — il n'y a pas de « bonne » réponse — : le sujet exprime ainsi sa manière propre de se vivre, et c'est sa personnalité, au total, qu'il met ainsi en avant, sans qu'il en soit pleinement conscient.

On sait que la notion même de projection a été utilisée en psychanalyse par S. FREUD lui-même pour qualifier ce mécanisme de défense par lequel l'individu reporte sur l'extérieur (un autre sujet, une situation ou une chose) des sentiments qu'il ne peut maîtriser, vécus qu'ils sont comme interdits, et culpabilisés.

Au cours de la passation des épreuves projectives, l'individu est mis en présence de documents ou de matériaux peu ou pas structurés : par ses réponses — verbales ou de comportement — il témoigne d'une attitude spécifique dans la structuration qu'il opère de ces matériels, réfractant les principes mêmes de sa structure de personnalité. C'est en ce sens qu'il est parlé de techniques « projectives ».

Il s'agit donc d'épreuves au travers desquelles le psychologue vise à étudier les dimensions affectives de la personnalité en dégageant les caractéristiques des structures psychiques; l'utilisation privilégiée de concepts psychanalytiques (par exemple, les mécanismes de défense, l'application de grilles de lecture inspirées de la psychanalyse pour rendre compte des contenus symboliques des réponses produites) en explique les difficultés d'interprétation et en fait réserver l'emploi à des professionnels qualifiés. Par ailleurs, ces épreuves s'opposent aux investigations de la personnalité conduites par le biais de tests dits objectifs ou de questionnaires dans la mesure avant tout où ils s'efforcent d'envisager l'individu dans sa globalité et de le « comprendre » au travers d'une approche individuelle, clinique.

Les types de matériels utilisés dans le cadre de ces techniques permettent de différencier, par exemple :

- les épreuves de graphisme : le sujet y est invité à dessiner un arbre, un bonhomme, une famille ; la graphologie est une illustration des études possibles en ce domaine ;

- les épreuves dans lesquelles l'individu est conduit à interpréter un document peu clair ou incomplet : le test de frustration de ROSENZWEIG, le Thematic Apperception Test (TAT) de MURRAY et son adaptation pour les enfants le Children Apperception Test (CAT), le RORSCHACH — l'épreuve des « taches d'encre »...;

- les tests où le sujet construit une situation à partir de matériaux ou d'éléments fournis: ainsi le test du village, à constituer avec des maisons, des commerces, des routes, des usines, une église, etc...

- P. PICHOT: *Les tests mentaux*, PUF, collection Que sais-je? n° 626, 128 p. Très accessible et construit de manière didactique, cet ouvrage rapide présente l'ensemble des épreuves psychologiques et situe les techniques projectives.

- D. ANZIEU: *Les méthodes projectives*, PUF, collection Le Psychologue, 323 p. Le panorama que prose cet auteur des différentes techniques utilisées est suffisamment complet, détaillé et critique pour constituer un outil de valeur pour l'étude de cette question.

A partir de textes :
Bibliographie commentée

Les écrits qui traitent de « l'enfant et ses complexes » sont très nombreux et divers. Nous présentons ci-dessous quelques ouvrages, classés par ordre alphabétique d'auteur, susceptibles de faciliter la poursuite de la réflexion.

- Julian de AJURIAGUERRA : *Manuel de psychiatrie de l'enfant*, Masson, Paris, 1977 (2ᵉ éd.), 1091 p.

Une somme de connaissances présentées au fil d'une exposition orientée par la nosologie. Un livre d'une importance particulière tant du fait du nombre des thèmes abordés que de la perspicacité de l'analyse et la richesse de l'information ; il est fréquemment consulté par les professionnels de la psychologie et de l'éducation.

- Virginia AXLINE : *Dibs*, Flammarion. Paris. 1968. 284 p.

L'histoire de la guérison d'un enfant psychotique, relatée par son psychothérapeute. Authentique et passionnant, l'ouvrage est destiné à tous les publics, car d'un accès facile et hors des sentiers battus de la psychanalyse.

- Charles BAUDOUIN : *L'âme enfantine et la psychanalyse*. Delachaux et Niestlé, 1964, 389 p.

Analyste influencé par JUNG, Charles BAUDOUIN aborde ici de nombreux problèmes de psychologie de l'enfant. Il montre comment des « complexes » primordiaux sont à la base du développement psychique de tous les individus. Un important chapitre est consacré aux difficultés psychologiques et à leur interprétation.

- Joël CLERGET: *Etre père aujourd'hui*. La Chronique Sociale. Lyon. 1979.
Une œuvre caractérisée par son authenticité. L'auteur reprend les étapes importantes de la vie d'un enfant et les organise par rapport à la condition du père: grossesse, naissance, complexe d'Œdipe, adolescence,... Un texte quelquefois difficile, mais toujours stimulant.

- Pierre DAVID: *Psychanalyse et famille*, A. Colin, coll, U Prisme, Paris, 1976, 221 p.

L'auteur s'interroge sur le devenir de l'institution familiale traditionnelle à la lumière des acquis les plus récents de la psychanalyse. L'un des premiers ouvrages à annoncer la «renaissance du père».

- Fitzhugh DODSON: *Tout se joue avant six ans*, Marabout Service, Verviers, 1973, 316 p.

Dans ce livre de vulgarisation «tous publics» des cheminements de l'enfance, l'auteur expose — en un style agréable, illustrant son propos de nombreuses anecdotes — comment exercer, selon lui, son «métier de parent» («How to parent», selon le titre original). En dépit du titre quelque peu forcé, et qui peut susciter des manières d'angoisse et de désespérance tant chez les parents que pour les éducateurs intervenant «après six ans...», un texte qui se parcourt aisément et invite à une autre vision de l'enfance.

- Françoise DOLTO: *Psychanalyse et pédiatrie*, Seuil, Paris, 1971, coll. Points, 286 p.

Ecrit pour un large public, voici un livre qui a pour objectif de sensibiliser les lecteurs profanes au «poids» de l'inconscient dans les troubles du développement. Au-delà de l'exposition du freudisme, l'ouvrage présente seize cas d'enfants suivis en psychothérapie et montre ainsi l'articulation entre la pratique et la théorie.

- Célestin FREINET: *Les Techniques Freinet de l'Ecole Moderne*, A. Colin, 1964, 143 p.

C. Freinet expose ici sa conception de la rénovation de l'école et insiste sur le rôle des techniques dans la modification des comportements et des attitudes pédagogiques. Un livre très accessible, pour entrer au contact de la pensée et de l'action de l'un des pédagogues contemporains à l'œuvre des plus significatives.

- Anna FREUD: *Initiation à la psychanalyse pour éducateurs*, Privat, Toulouse, 1972, 118 p.

De nombreuses informations sur les notions psychanalytiques présentées par une pédagogue de cette «discipline». La fille de Sigmund Freud possède l'expérience requise pour justifier cette initiation que l'on parcourra avec intérêt.

- Sigmund FREUD: *Trois essais sur la théorie de la sexualité*, Gallimard, coll. Idées, 1962, 190 p.

C'est en 1905 que FREUD fit paraître ce livre où il présente ses positions, quelque peu révolutionnaires à l'époque (et aujourd'hui?) sur la sexualité. FREUD en remania l'écriture au fil de plusieurs rééditions et l'on dispose ici du texte définitif, les différents ajouts étant signalés au cours du texte. Une lecture stimulante et un très utile « retour aux sources ».

- Jean LAPLANCHE et Jean-Baptiste PONTALIS : *Vocabulaire de la Psychanalyse*, PUF, Paris, 1973, 527 p.

Un classique, l'ouvrage de référence indispensable en matière de psychanalyse, qui étudie l'ensemble des notions et concepts utilisés.

- Serge LEBOVICI et Michel SOULE : *La connaissance de l'enfant par la psychanalyse*, PUF, Paris, coll. Le fil rouge, 1972, 730 p.

Un monument de connaissances et de références, comme le laisse prévoir le titre, et le lecteur n'est pas déçu. Tout ou presque est dit ou esquissé. Nécessaire d'y « aller voir » pour ceux qui travaillent en relation avec l'enfant.

- Maud MANNONI : *L'enfant arriéré et sa mère*, Seuil, Paris, 1964, 192 p., coll. Le champ freudien.

Ce livre a contribué à jeter un regard nouveau sur la débilité mentale, sa dimension affective et interpersonnelle face aux discours habituels plus fonctionnels et organicistes. La relation entre l'enfant dit « débile » et sa mère est mise au premier plan. Ecrit par une psychanalyste d'enfants aux positions personnelles influencées par Lacan puis Winnicott, l'ouvrage apporte d'autres éclairages sur les symptomes de l'enfant. De cet auteur on consultera encore avec profit : *Le premier rendez-vous avec le psychanalyste*, Gonthiers, 1965, et *L'enfant, sa « maladie » et les autres*, Seuil, 1967.

- Georges MAUCO : *Psychanalyse et éducation*, Aubier-Montaigne, Paris, 1968, 269 p.

Dans un langage clair et accessible l'auteur apporte aux parents et éducateurs les fruits de son expérience de psychanalyste intervenant fréquemment dans le domaine pédagogique.

- Gérard MENDEL : *La révolte contre le père*, Payot, Paris, 1968, 436 p.

Ecrit avant les « événements » de mai 1968, ce texte révéla l'originalité d'un psychanalyste qui publia depuis des contributions articulées autour du projet de « sociopsychanalyse ». Il s'agit ici d'étudier, au travers d'exemples saisis en divers domaines — ethnologie, éducation, littérature, histoire de l'Allemagne nazie... — les avatars de la relation aux images parentales autour de l'analyse des refus contemporains de s'identifier au Père. Un livre marquant et une appréhension renouvelée des dimensions psychiques et politiques lues en corrélation.

- Christiane OLIVIER : *Les enfants de Jocaste*, Denoël, Paris, 1980, 195 p.

Une lecture pertinente et accessible de la psychologie féminine, à partir d'une étude fouillée des relations mère-enfant, selon que ce dernier est fille ou garçon. Des aperçus judicieux sur la formation des attitudes face à l'autre sexe, par une psychanalyste qui se veut aussi, surtout?, femme.

- Jean PIAGET: *Problèmes de psychologie génétique*, Denoël-Gonthier, Paris, 1972, 177 p., coll. Médiations.

Le lecteur trouvera ici, un recueil d'articles retraçant certains aspects et certains moments de l'itinéraire de l'épistémologue genevois, disparu en 1980. Quoique l'approche engagée par J. PIAGET et son équipe ne ressortissent pas directement au propos du présent ouvrage, il paraît difficile de ne pas évoquer, s'agissant de l'enfance, l'apport de l'école genevoise à la compréhension de la genèse des connaissances chez l'enfant. Les travaux de PIAGET sont considérés par beaucoup, pour ce qui concerne l'intelligence, comme l'équivalent des découvertes freudiennes à propos de l'affectivité.

- Anne-Marie ROCHEBLAVE-SPENLE: *L'adolescent et son mode*, Ed. Universitaires, Paris, 1978, 182 p.

L'adolescent est expliqué dans ses relations à son environnement. Tous les aspects de l'adolescence sont abordés, sous un angle à la fois analytique et synthétique. Un livre de référence pour ceux qui côtoient les adolescents.

- Denis VASSE: *Un parmi d'autres*, Seuil, Paris, 1978, 222 p., coll. Le champ freudien.

Un psychanalyste lacanien aux prises avec la psychose d'un enfant. Difficile par instants, mais d'une richesse incomparable. Mérite d'être lu et médité pour ses apports originaux.

- Donald Woods WINNICOTT: *Processus de maturation chez l'enfant*, PB Payot, Paris, 1974, 262 p.

S'inscrivant dans une dimension originale, l'auteur analyse la dynamique de la petite enfance, époque pendant laquelle l'enfant est dépendant de sa mère. Comme toujours chez Winnicott, la lecture en est aisée et stimulante.

Table des matières

Avant-propos : Un livre sur les complexes - pourquoi ? 9

Introduction : Complexe et complexes 15

1re PARTIE : AUX ORIGINES DU COMPLEXE 21

Chapitre 1 : Aux débuts : L'enfant et les siens 25
  1. Retour aux sources 25
  2. Sexualité et scandale 26
  3. Naître avant la naissance 27
  4. Naissance et traumatisme 28
  5. La vie : première année 28
    - téter : une faim en soi 28
    - un seul être vous manque... 30
    - un miroir qui réfléchit 30
    - amour de l'autre, amour de soi 31
  6. La vie jusqu'à trois ans 33
    - échanges et cadeaux 33
    - histoires sales 34
    - penser, c'est dire non 36

Chapitre 2 : Au commencement du complexe : l'Œdipe 39
  1. Le retour du mythe 40
  2. Paroles et mots d'enfants 41
  3. Propos de petit garçon 42
  4. Du côté de la petite fille 47
  5. L'Œdipe : toujours et partout ? 50

Chapitre 3 : Au-delà de l'Œdipe ... 57

1. Homme et Femme pour demain ... 57
2. Une petite voix intérieure ... 59
3. Tours, détours et contours ... 60
4. Père et mère d'Œdipe ... 64

Chapitre 4 : En mal d'Œdipe ... 67

1. Inattentions ... 67
2. Intolérances ... 69
3. Désirs absents ... 73

2ᵉ PARTIE : AUX PRISES AVEC LES COMPLEXES ... 79

Chapitre 5 : Au fil de l'autre... ... 83

1. Risquer la castration ... 83
2. Du garçon ... 85
3. De la fille ... 88
4. Moins qu'un autre ... 91
5. Mon frère, ma sœur, mon ennemi ... 94

Chapitre 6 : Des différences aux différends ... 97

1. L'enfant qui porte des lunettes ... 97
2. Celui qui louche ... 99
3. Les déformations de la colonne vertébrale ... 102
4. Les enfants qui bégaient ... 103

Chapitre 7 : Débordements ... 111

1. Trop gros ... 111
2. Trop timide ... 116
3. Trop « différent » ... 117

3ᵉ PARTIE : QU'EN FAIRE ? ... 121

Chapitre 8 : Autour et ensuite ... 125

1. Rejouer les complexes ? ... 125
2. Adolescence ... 127
3. Prévenir les complexes ? ... 128
4. Rôles parentaux ... 132
5. Des destinées familiales troublées ... 134

Chapitre 9 : Les complexes en famille ... 137

1. S'efforcer de comprendre ... 138
2. Une autre attitude ... 139
3. Nommer ou non le complexe ... 144

Chapitre 10 : Les complexes scolarisés ... 149

1. L'élève : machine à apprendre ? ... 150
2. Le maître : machine à enseigner ? ... 155
3. Pédagogies : rééducations ? ... 157

Chapitre 11 : Les complexes en traitement ... 161

1. Psychologie et institution scolaire ... 162

2. Psychologie et diagnostic	163
3. Psychologie et psychothérapies	164
Conclusion: Car chaque enfant est unique	171
DOSSIER	175
Repères...	175
I - Sur les traces de quelques auteurs...	177
Bruno BETTELHEM	177
Gilles DELEUZE et Félix GUATTARI	179
Sigmund FREUD	180
Carl Gustav JUNG	182
Mélanie KLEIN	184
Jacques LACAN	187
Wilhelm REICH	189
II - Sur quelques questions...	191
L'hospitalisme	191
Le moi	193
La naissance sans violence	195
L'Œdipe: complexe universel?	197
Les techniques projectives	199
III - Bibliographie commentée	201

PSYCHOLOGIE ET SCIENCES HUMAINES
collection publiée sous la direction de MARC RICHELLE

1. Dr Paul Chauchard
   LA MAITRISE DE SOI, 9ᵉ éd.
5. François Duyckaerts
   LA FORMATION DU LIEN SEXUEL, 9ᵉ éd.
7. Paul-A. Osterrieth
   FAIRE DES ADULTES, 16ᵉ éd.
9. Daniel Widlöcher
   L'INTERPRETATION DES DESSINS D'ENFANTS, 9ᵉ éd.
11. Berthe Reymond-Rivier
    LE DEVELOPPEMENT SOCIAL DE L'ENFANT ET DE L'ADOLESCENT, 9ᵉ éd.
12. Maurice Dongier
    NEVROSES ET TROUBLES PSYCHOSOMATIQUES, 7ᵉ éd.
15. Roger Mucchielli
    INTRODUCTION A LA PSYCHOLOGIE STRUCTURALE, 3ᵉ éd.
16. Claude Köhler
    JEUNES DEFICIENTS MENTAUX, 4ᵉ éd.
21. Dr P. Geissmann et Dr R. Durand
    LES METHODES DE RELAXATION, 4ᵉ éd.
22. H. T. Klinkhamer-Steketée
    PSYCHOTHERAPIE PAR LE JEU, 3ᵉ éd.
23. Louis Corman
    L'EXAMEN PSYCHOLOGIQUE D'UN ENFANT, 3ᵉ éd.
24. Marc Richelle
    POURQUOI LES PSYCHOLOGUES?, 6ᵉ éd.
25. Lucien Israel
    LE MEDECIN FACE AU MALADE, 5ᵉ éd.
26. Francine Robaye-Geelen
    L'ENFANT AU CERVEAU BLESSE, 2ᵉ éd.
27. B. F. Skinner
    LA REVOLUTION SCIENTIFIQUE DE L'ENSEIGNEMENT, 3ᵉ éd.
28. Colette Durieu
    LA REEDUCATION DES APHASIQUES
29. J.C. Ruwet
    ETHOLOGIE: BIOLOGIE DU COMPORTEMENT, 3ᵉ éd.
30. Eugénie De Keyser
    ART ET MESURE DE L'ESPACE
32. Ernest Natalis
    CARREFOURS PSYCHOPEDAGOGIQUES
33. E. Hartmann
    BIOLOGIE DU REVE
34. Georges Bastin
    DICTIONNAIRE DE LA PSYCHOLOGIE SEXUELLE
35. Louis Corman
    PSYCHO-PATHOLOGIE DE LA RIVALITE FRATERNELLE
36. Dr G. Varenne
    L'ABUS DES DROGUES
37. Christian Debuyst, Julienne Joos
    L'ENFANT ET L'ADOLESCENT VOLEURS
38. B.-F. Skinner
    L'ANALYSE EXPERIMENTALE DU COMPORTEMENT, 2ᵉ éd.
39. D.J. West
    HOMOSEXUALITE
40. R. Droz et M. Rahmy
    LIRE PIAGET, 3ᵉ éd.
41. José M. R. Delgado
    LE CONDITIONNEMENT DU CERVEAU ET LA LIBERTE DE L'ESPRIT
42. Denis Szabo, Denis Gagné, Alice Parizeau
    L'ADOLESCENT ET LA SOCIETE, 2ᵉ éd.
43. Pierre Oléron
    LANGAGE ET DEVELOPPEMENT MENTAL, 2ᵉ éd.
44. Roger Mucchielli
    ANALYSE EXISTENTIELLE ET PSYCHOTHERAPIE PHENOMENO-STRUCTURALE
45. Gertrud L. Wyatt
    LA RELATION MERE-ENFANT ET L'ACQUISITION DU LANGAGE, 2ᵉ éd.
46. Dr. Etienne De Greeff
    AMOUR ET CRIMES D'AMOUR
47. Louis Corman
    L'EDUCATION ECLAIREE PAR LA PSYCHANALYSE
48. Jean-Claude Benoit et Mario Berta
    L'ACTIVATION PSYCHOTHERAPIQUE
49. T. Ayllon et N. Azrin
    TRAITEMENT COMPORTEMENTAL EN INSTITUTION PSYCHIATRIQUE
50. G. Rucquoy
    LA CONSULTATION CONJUGALE
51. R. Titone
    LE BILINGUISME PRECOCE
52. G. Kellens
    BANQUEROUTE ET BANQUEROUTIERS
53. François Duyckaerts
    CONSCIENCE ET PRISE DE CONSCIENCE

54 Jacques Launay, Jacques Levine et Gilbert Maurey
LE REVE EVEILLE-DIRIGE ET L'INCONSCIENT
55 Alain Lieury
LA MEMOIRE
56 Louis Corman
NARCISSISME ET FRUSTRATION D'AMOUR
57 E. Hartmann
LES FONCTIONS DU SOMMEIL
58 Jean-Marie Paisse
L'UNIVERS SYMBOLIQUE DE L'ENFANT ARRIERE MENTAL
59 Jacques Van Rillaer
L'AGRESSIVITE HUMAINE
60 Georges Mounin
LINGUISTIQUE ET TRADUCTION
61 Jérôme Kagan
COMPRENDRE L'ENFANT
62 Michael S. Gazzaniga
LE CERVEAU DEDOUBLE
63 Paul Cazayus
L'APHASIE
64 X. Seron, J.L. Lambert, M. Van der Linden
LA MODIFICATION DU COMPORTEMENT
65 W. Huber
INTRODUCTION A LA PSYCHOLOGIE DE LA PERSONNALITE, 2e éd.
66 Emile Meurice
PSYCHIATRIE ET VIE SOCIALE
67 J. Château, H. Gratiot-Alphandéry, R. Doron et P. Cazayus
LES GRANDES PSYCHOLOGIES MODERNES
68 P. Sifnéos
PSYCHOTHERAPIE BREVE ET CRISE EMOTIONNELLE
69 Marc Richelle
B.F. SKINNER OU LE PERIL BEHAVIORISTE
70 J.P. Bronckart
THEORIES DU LANGAGE
71 Anika Lemaire
JACQUES LACAN, 2e éd. revue et augmentée
72 J.L. Lambert
INTRODUCTION A L'ARRIERATION MENTALE
73 T.G.R. Bower
DEVELOPPEMENT PSYCHOLOGIQUE DE LA PREMIERE ENFANCE
74 J. Rondal
LANGAGE ET EDUCATION
75 Sheila Kitzinger
PREPARER A L'ACCOUCHEMENT
76 Ovide Fontaine
INTRODUCTION AUX THERAPIES COMPORTEMENTALES
77 Jacques-Philippe Leyens
PSYCHOLOGIE SOCIALE, 2e éd.
78 Jean Rondal
VOTRE ENFANT APPREND A PARLER
79 Michel Legrand
LE TEST DE SZONDI
80 H.J. Eysenck
LA NEVROSE ET VOUS
81 Albert Demaret
ETHOLOGIE ET PSYCHIATRIE
82 Jean-Luc Lambert et Jean A. Rondal
LE MONGOLISME
83 Albert Bandura
L'APPRENTISSAGE SOCIAL
84 Xavier Seron
APHASIE ET NEUROPSYCHOLOGIE
85 Roger Rondeau
LES GROUPES EN CRISE?
86 J. Danset-Léger
L'ENFANT ET LES IMAGES DE LA LITTERATURE ENFANTINE
87 Herbert S. Terrace
NIM, UN CHIMPANZE QUI A APPRIS LE LANGAGE GESTUEL
88 Roger Gilbert
BON POUR ENSEIGNER?
89 Wing, Cooper et Sartorius
GUIDE POUR UN EXAMEN PSYCHIATRIQUE
90 Jean Costermans
PSYCHOLOGIE DU LANGAGE
91 Françoise Macar
LE TEMPS, PERSPECTIVES PSYCHOPHYSIOLOGIQUES
92 Jacques Van Rillaer
LES ILLUSIONS DE LA PSYCHANALYSE
93 Alain Lieury
LES PROCEDES MNEMOTECHNIQUES
94 Georges Thinès
PHENOMENOLOGIE ET SCIENCE DU COMPORTEMENT
95 Rudolph Schaffer
COMPORTEMENT MATERNEL

96 Daniel Stern
MERE ET ENFANT, LES PREMIERES RELATIONS
97 R. Kempe & C. Kempe
L'ENFANCE TORTUREE
98 Jean-Luc Lambert
ENSEIGNEMENT SPECIAL ET HANDICAP MENTAL
99 Jean Morval
INTRODUCTION A LA PSYCHOLOGIE DE L'ENVIRONNEMENT
100 Pierre Oleron et al.
SAVOIRS ET SAVOIR-FAIRE PSYCHOLOGIQUES CHEZ L'ENFANT
101 Bernard I. Murstein
STYLES DE VIE INTIME
102 Rondal/Lambert/Chipman
PSYCHOLINGUISTIQUE ET HANDICAP MENTAL
103 Brédart/Rondal
L'ANALYSE DU LANGAGE CHEZ L'ENFANT
104 David Malan
PSYCHODYNAMIQUE & PSYCHOTHERAPIE INDIVIDUELLE
105 Philippe Muller
WAGNER PAR SES REVES
106 John Eccles
LE MYSTERE HUMAIN
107 Xavier Seron
REEDUQUER LE CERVEAU
108 Moreau/Richelle
L'ACQUISITION DU LANGAGE
109 Georges Nizard
ANALYSE TRANSACTIONNELLE ET SOIN INFIRMIER
110 Howard Gardner
GRIBOUILLAGES ET DESSINS D'ENFANTS, LEUR SIGNIFICATION

Hors collection

Paisse
PSYCHO-PEDAGOGIE DE LA LUCIDITE
Paisse
ESSENCE DU PLATONISME
Anna Michel
L'HISTOIRE DE NIM LE CHIMPANZE QUI PARLE
Collectif
SYSTEME AMDP
Boulangé/Lambert
LES AUTRES, L'EXPRESSION ARTISTIQUE CHEZ LES HANDICAPES MENTAUX

Dossiers

1 Rey
LES TROUBLES DE LA MEMOIRE
5 Kohler
LES ETATS DEPRESSIFS CHEZ L'ENFANT
7 De Waele
LES CAS PROGRAMMES EN CRIMINOLOGIE
9 Tissot
L'AGRAMMATISME
10 Bronckart
FORMES VERBALES CHEZ L'ENFANT

Manuels et Traités

2 Thinès
PSYCHOLOGIE DES ANIMAUX
3 Paulus
LA FONCTION SYMBOLIQUE ET LE LANGAGE
4 Richelle
L'ACQUISITION DU LANGAGE
5 Paulus
REFLEXES-EMOTIONS-INSTINCTS
Droz-Richelle
MANUEL DE PSYCHOLOGIE
Hurtig-Rondal
MANUEL DE PSYCHOLOGIE DE L'ENFANT (Tome 1)
Hurtig-Rondal
MANUEL DE PSYCHOLOGIE DE L'ENFANT (Tome 2)
Hurtig-Rondal
MANUEL DE PSYCHOLOGIE DE L'ENFANT (Tome 3)
Rondal-Seron
LES TROUBLES DU LANGAGE (DIAGNOSTIC ET REEDUCATION)